Sabrina Willwersch

Lernkartei: Minusrechnen im Zahlenraum bis 20

Differenzierte Arbeitsmaterialien für den Mathematikunterricht

PERSEN

Die Autorin

Sabrina Willwersch studierte Sonderpädagogik mit den Förderschwerpunkten geistige Entwicklung sowie körperliche und motorische Entwicklung. Sie unterrichtet an einer Schule für Kinder mit körperlichen Beeinträchtigungen hauptsächlich in den Fächern Mathematik, Deutsch und Musik.

Gedruckt auf umweltbewusst gefertigtem, chlorfrei gebleichtem und alterungsbeständigem Papier.

1. Auflage 2017

Grafik: Barbara Gerth
Satz: Satzpunkt Ursula Ewert GmbH

ISBN: 987-3-403-20126-7

www.persen.de

Materialien auf der CD

- Lösungen zu den Minus-Reihen
- Laufzettel

Vorwort

Liebe Lehrerinnen und Lehrer,

da die heutigen Grundschulklassen vermehrt aus einer heterogenen Schülerschaft mit unterschiedlichsten Lernvoraussetzungen zusammengesetzt sind, ist es für den Lehrer wichtig, passendes Arbeitsmaterial für jeden Schüler parat zu haben. Nicht selten benötigt man zeitgleich Lernstoff für Inklusionskinder, Schüler mit durchschnittlichen Begabungen und für leistungsstarke Schüler[1].

Aus diesem Grunde wurde die Lernkartei „Minusrechnen im Zahlenraum bis 20“ entwickelt, die Ihnen ansprechendes Material auf **drei Differenzierungsebenen** für Ihren Unterricht bietet. Die Differenzierungsebenen sind mit eindeutigen Symbolen gekennzeichnet und durchnummeriert. Auf diese Weise haben Sie Lernmaterial für alle Schüler, vom Inklusionsschüler bis hin zum Klassenbesten.

Am Ende des Buches finden Sie einen Laufzettel, der es jedem Schüler ermöglicht, seinen individuellen Arbeitsstand festzuhalten.

Wenn Sie die Karten zur Freiarbeit einsetzen möchten, empfiehlt es sich, sie einzulaminieren und zusammen mit wasserlöslichen Folienschreibern in einer Box aufzubewahren. Auf diese Weise können die Schüler die für sie gerade passenden Karten bearbeiten, kontrollieren lassen und dann auf ihrem Laufzettel abhaken. Anschließend werden die Karten mit einem feuchten Tuch abgewischt und sind so für den nächsten Schüler einsatzbereit.

Natürlich könne Sie die Karteikarten auch kopieren und als Arbeitsblätter austeilen.

= leicht

Die leichten Karten beinhalten viele ansprechende, bildliche Darstellungen, mit denen auch schwache Kinder gut und schnell zurechtkommen. Die Aufgabenformate wiederholen sich in den verschiedenen Karteikategorien, um den Schülern einen schnellen, selbständigen Umgang mit dem Material zu ermöglichen. Des Weiteren wird den Schülern auf dieser einfachen Lernebene immer eine Abzählhilfe in Form von Bildern, Würfelaugen, Fingern oder Ähnlichem angeboten.

Viele Aufgaben sind schon so weit vorstrukturiert, dass nur noch das Ergebnis einzutragen ist. Ein Beispiel ist immer eingezeichnet, an dem sich die Schüler orientieren können.

Zehnerunterschreitungen kommen bei den leichten Karten nicht vor.

[1] Wir sprechen hier wegen der besseren Lesbarkeit von Schülern bzw. Lehrern in der verallgemeinernden Form. Selbstverständlich sind auch alle Schülerinnen und Lehrerinnen gemeint.

 = mittel

In der mittleren Kategorie sind die Aufgaben nicht mehr so weit vorstrukturiert. Die Schüler müssen die Elemente, die abgezogen werden, selbständig durchstreichen und danach die Aufgaben ausrechnen.

Um das Subtrahieren mit Zehnerunterschreitung zu erleichtern, werden verschiedene Varianten der geführten Zehnerunterschreitung angeboten.

 = anspruchsvoll

Die anspruchsvollen Karten steigern sich ein weiteres Mal im Schwierigkeitsgrad. Hier gilt es dreigliedrige Minusaufgaben, Umkehraufgaben, Textaufgaben, Knobelaufgaben und Zahlenrätsel zu lösen. Die Zehnerunterschreitung muss im Kopf ohne Führungshilfen bewältigt werden.

Hinweis zur CD
Auf der beigefügten CD finden Sie alle Lösungskarten sowie den Laufzettel im pdf-Format.

Name: ______________________ Datum: ____________

Minusrechnen im Zahlenraum bis 5 — 1

Löse die Rechengeschichten.

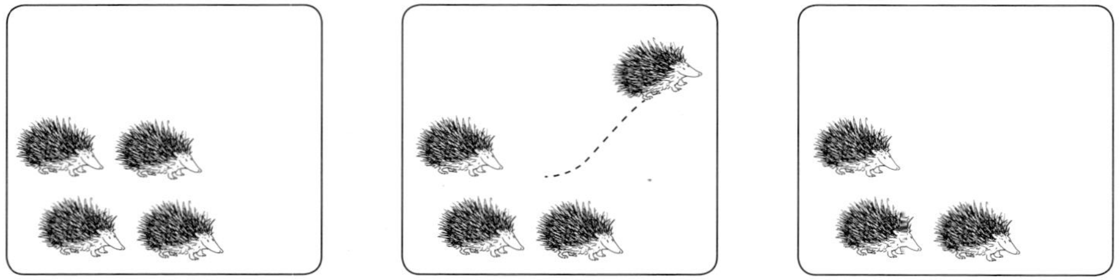

4 – 1 = ☐

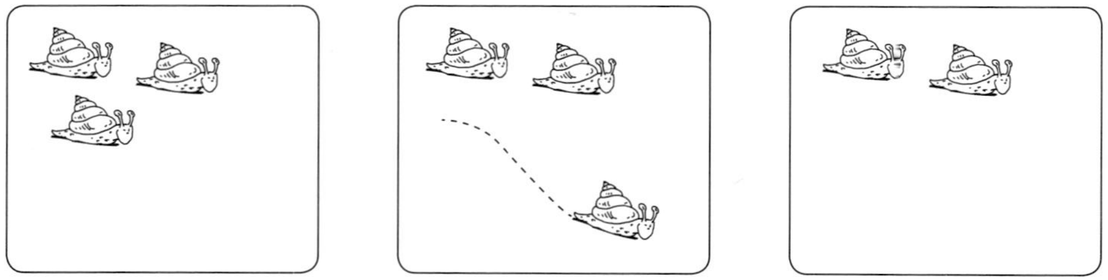

3 – 1 = ☐

4 – 2 = ☐

Name: ______________________ Datum: ____________

Minusrechnen im Zahlenraum bis 5 — 2

Löse die Rechengeschichten.

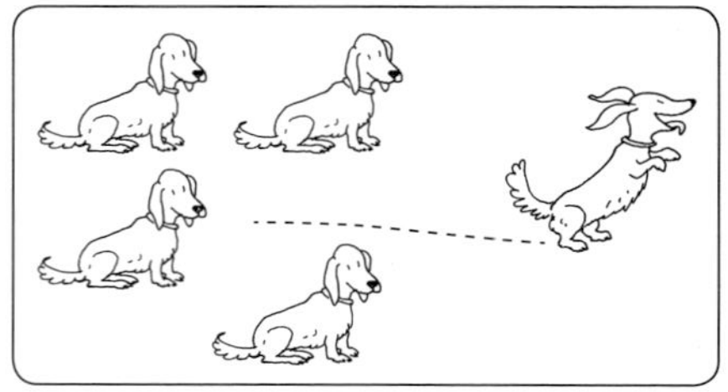

5 – 1 = ☐

4 – 2 = ☐

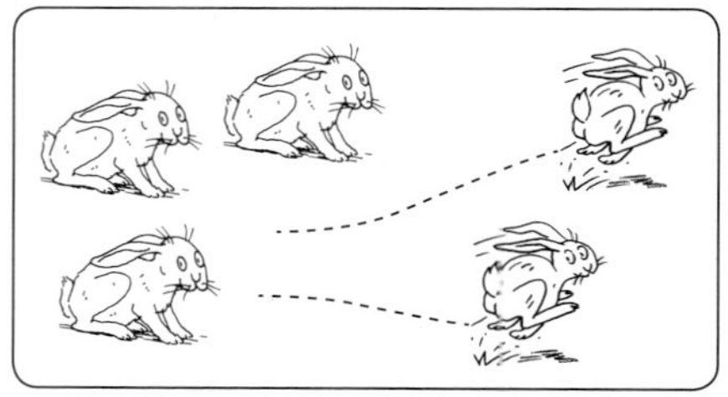

5 – 2 = ☐

2 – 1 = ☐

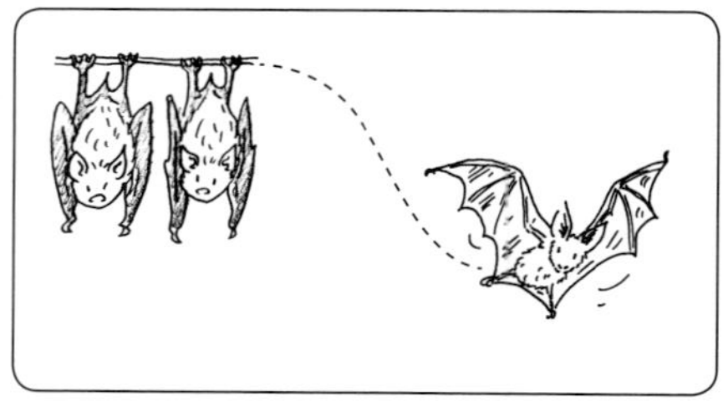

3 – 1 = ☐

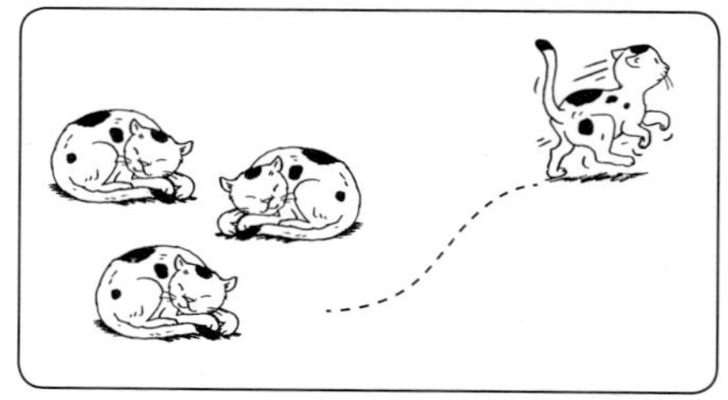

4 – 1 = ☐

Name: ______________________ Datum: ____________

Minusrechnen im Zahlenraum bis 5 — 3

Löse die Minusaufgaben.

4 – 1 = ☐

3 – 2 = ☐

5 – 2 = ☐

4 – 2 = ☐

2 – 1 = ☐

3 – 1 = ☐

Name: ______________________ Datum: ____________

Minusrechnen im Zahlenraum bis 5 — 4

Löse die Minusaufgaben.

3 – 2 = ☐

4 – 1 = ☐

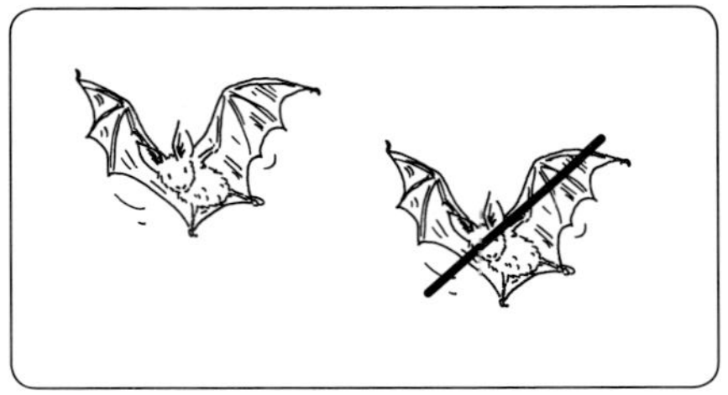

2 – 1 = ☐

5 – 2 = ☐

4 – 2 = ☐

3 – 1 = ☐

Name: ______________________ Datum: ______________

Minusrechnen im Zahlenraum bis 5 — 5

Räuber Kalle klaut Goldblöcke.
Wie viele lässt er jeweils liegen?

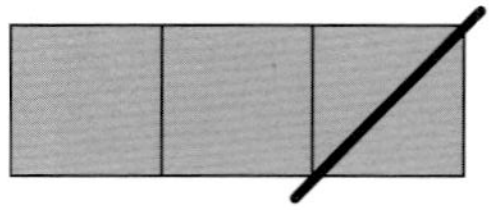

3 – 1 = ☐

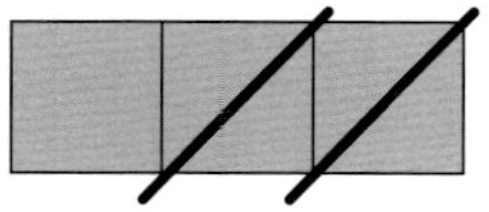

3 – 2 = ☐

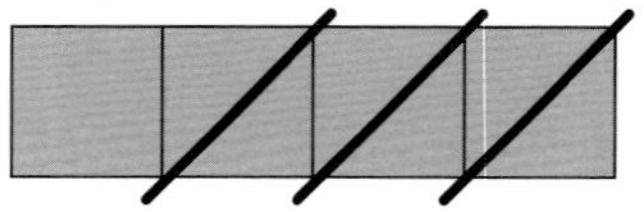

4 – 3 = ☐

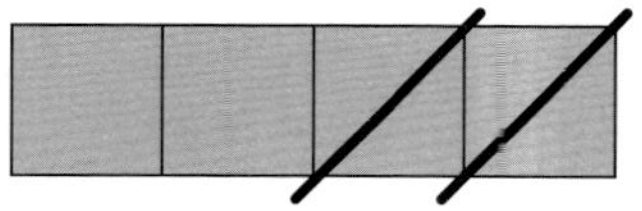

4 – 2 = ☐

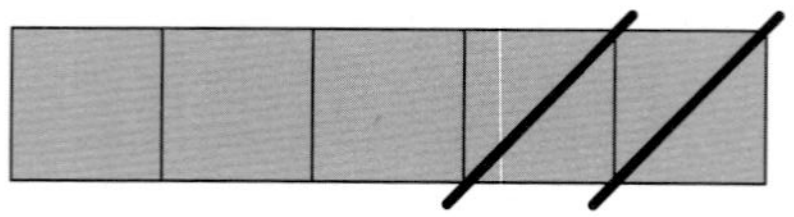

5 – 2 = ☐

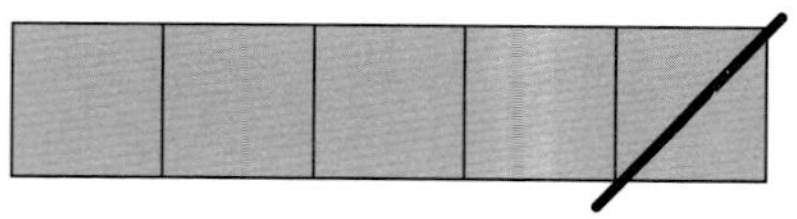

5 – 1 = ☐

Name: ______________________ Datum: ______________

Minusrechnen im Zahlenraum bis 5 — 6

Schreibe die Minusaufgaben und rechne sie aus.

3 – 1 = ☐

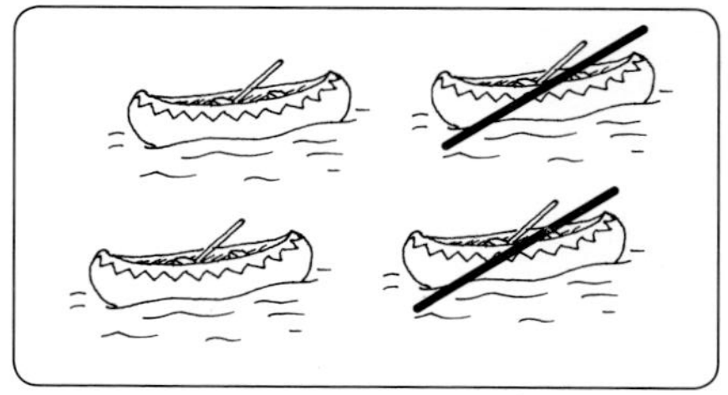

4 – 2 = ☐

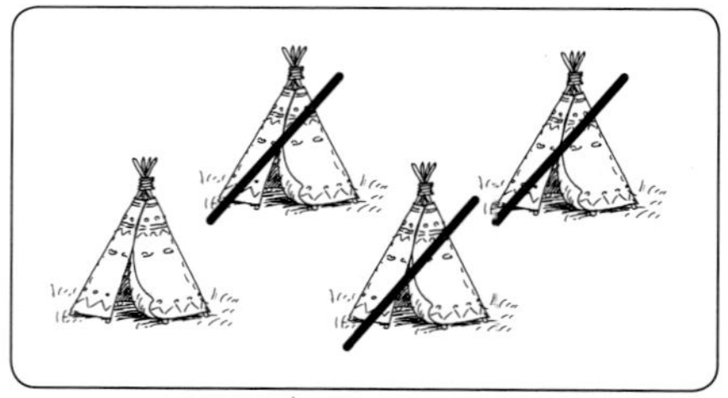

4 – ☐ = ☐

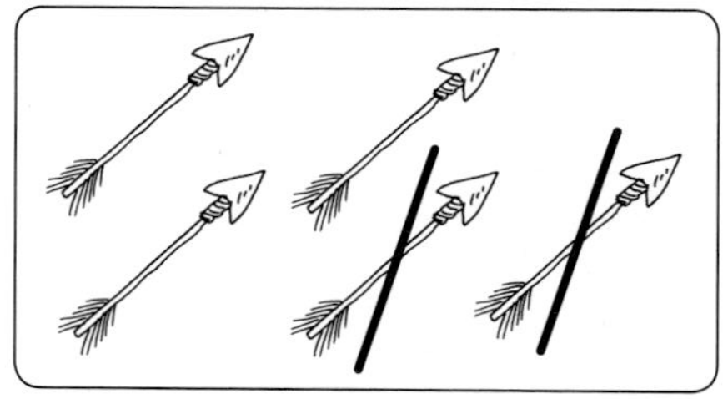

☐ – ☐ = ☐

☐ – ☐ = ☐

☐ – ☐ = ☐

Name: ______________________ Datum: ____________

Minusrechnen im Zahlenraum bis 5 — 7

Streiche durch und rechne aus.

2 – 1 = ☐

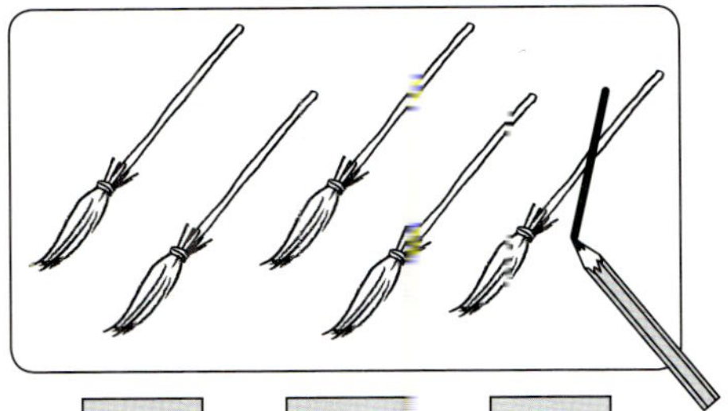

5 – 3 = ☐

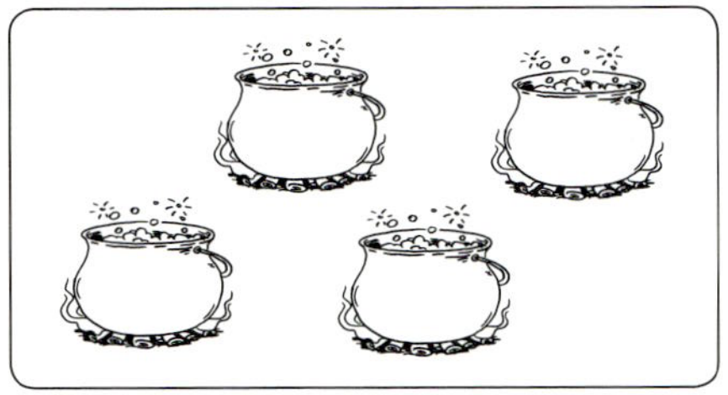

4 – 4 = ☐

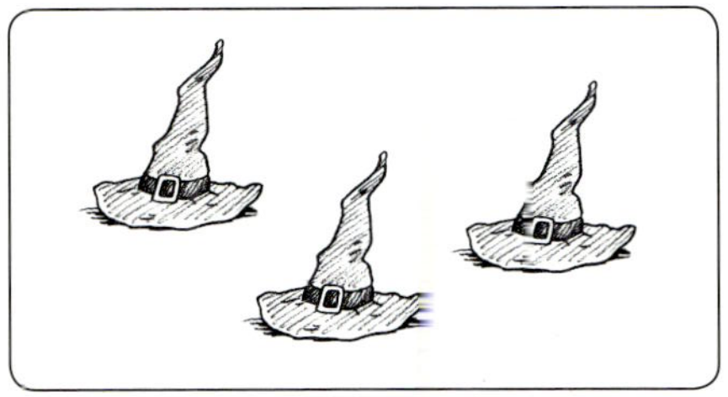

3 – 1 = ☐

5 – 4 = ☐

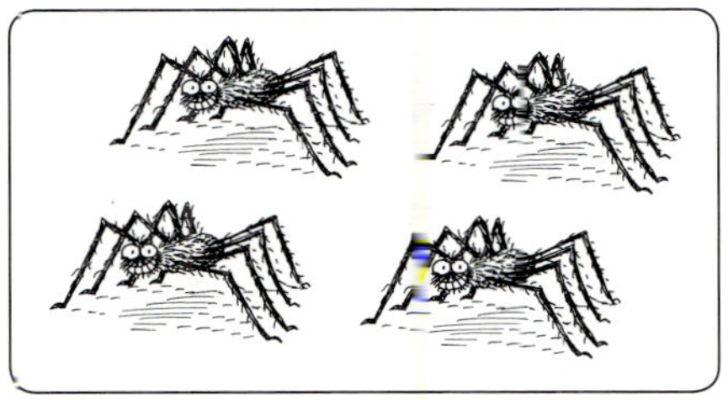

4 – 0 = ☐

Name: ______________________ Datum: ____________

Minusrechnen im Zahlenraum bis 5 — 8

Streiche durch und rechne aus.

5 – 3 = ☐ 

3 – 1 = ☐ 

4 – 1 = ☐ 

5 – 4 = ☐ 

4 – 0 = ☐ 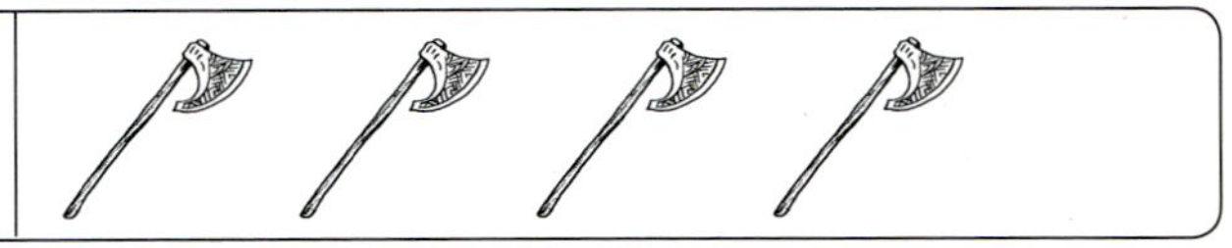

3 – 3 = ☐ 

2 – 1 = ☐ 

4 – 3 = ☐ 

Name: ______________ Datum: ______________

Minusrechnen im Zahlenraum bis 5 — 9

Male und rechne die Minusaufgaben.

3 – 2 = ☐

5 – 3 = ☐

4 – 2 = ☐

2 – 1 = ☐

3 – 3 = ☐

4 – 1 = ☐

Male und rechne aus.

4 – 2 = ☐

3 – 1 = ☐

5 – 4 = ☐

2 – 0 = ☐

5 – 3 = ☐

Name: ______________ Datum: ______________

Minusrechnen im Zahlenraum bis 5 — 10

Verbinde.

Rechne aus. Kontrolliere deine Ergebnisse.

2 – 1 = ☐

3 – 0 = ☐

5 – 3 = ☐

1 – 1 = ☐

4 – 2 = ☐

5 – 0 = ☐

0 1 2 2 3 5

Name: ________________ Datum: ________

Minusrechnen im Zahlenraum bis 5 — 11

Richtig ✔ oder falsch f?

2 – 0 = 0	f
4 – 1 = 3	
5 – 2 = 3	
3 – 0 = 0	
3 – 2 = 1	

5 – 4 = 1	
4 – 2 = 2	
3 – 1 = 1	
2 – 1 = 0	
5 – 1 = 4	

Löse die Rechenketten.

5	–	2	–	3	=	
4	–	1	–	2	=	
3	–	0	–	1	=	
5	–	3	–	1	=	

Name: ________________ Datum: ________

Minusrechnen im Zahlenraum bis 5 — 12

Benutze immer alle drei Zahlen.

1 4 3

1	+	3	=	4
3	+		=	4
4	–		=	
4	–		=	

5 3 2

	+		=	5
	+		=	
	–		=	
	–		=	

Größer ⊙>, kleiner ⊙< oder gleich ⊙=?

3 – 1	◯	1
5 – 0	◯	0
4 – 2	◯	2
3 – 3	◯	3
2 – 1	◯	1

4 – 4	◯	0
3 – 2	◯	1
5 – 2	◯	2
4 – 3	◯	2
5 – 3	◯	1

Name: ____________ Datum: ____________

Minusrechnen im Zahlenraum bis 5 — 13

Rechne aus. Trage den richtigen Buchstaben unten ein.

2 – 1 = ☐ = **P**

4 – 2 = ☐ = **I**

5 – 0 = ☐ = **E**

4 – 0 = ☐ = **Z**

5 – 2 = ☐ = **T**

3 – 3 = ☐ = **S**

Lösung:

☐	☐	☐	☐	☐	☐
0	1	2	3	4	5

Fülle die Lücken.

5 – 3 → ☐

☐ – 2 → 1

4 – 3 → ☐

☐ – 2 → 2

2 – 2 → ☐

☐ – 1 → 4

Name: ____________ Datum: ____________

Minusrechnen im Zahlenraum bis 5 — 14

Fülle die Lücken.

2 – ☐ = 0

4 – ☐ = 3

5 – ☐ = 2

3 – ☐ = 1

5 – ☐ = 3

2 – ☐ = 1

4 – ☐ = 2

3 – ☐ = 2

Schreibe die Umkehraufgaben.

3 → (– 1) → ☐ → (+ 1) → 3

5 → (– 2) → ☐ → (+ 2) → 5

4 → (– 2) → ☐ → (+ __) → 4

5 → (– 3) → ☐ → (+ __) → 5

Name: ____________ Datum: ____________

Minusrechnen im Zahlenraum bis 5 — 15

Löse die Textaufgaben.

Marie bekommt vier Erdbeeren.
Drei isst sie gleich auf.

Frage: Wie viele Erdbeeren hat Marie noch übrig?

Rechnung: ____________

Antwort: ____________

____

Henry hat fünf kleine Autos.
Er verschenkt zwei davon.

Frage: Wie viele Autos hat er noch übrig?

Rechnung: ____________

Antwort: ____________

____

Name: ____________ Datum: ____________

Minusrechnen im Zahlenraum bis 10 — 1

Rechengeschichten mit Minus.

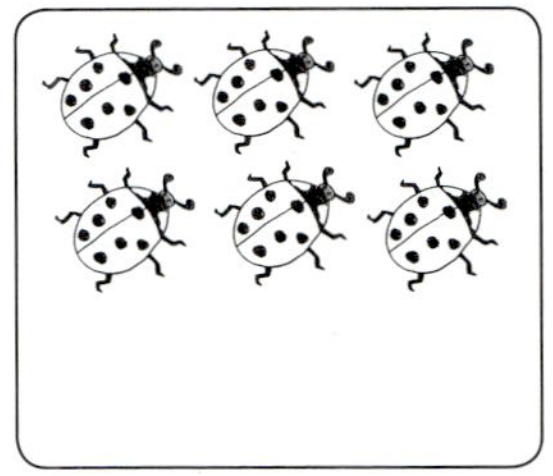 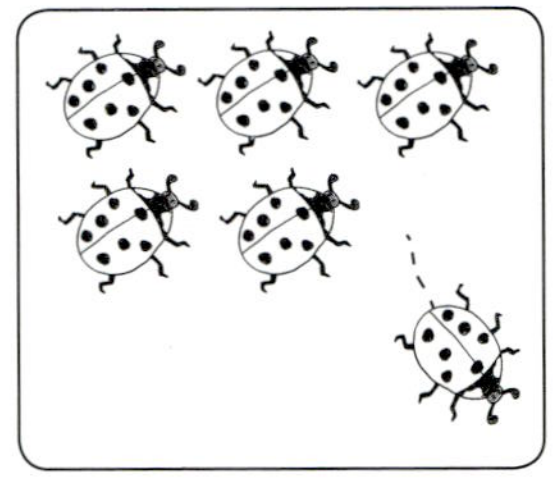 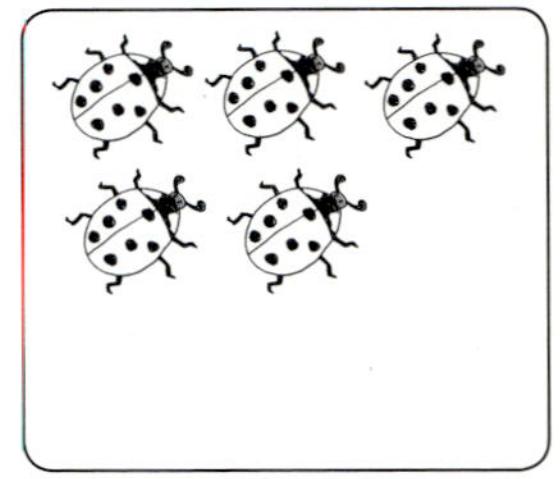

6 – 1 = ☐

7 – 2 = ☐

5 – 1 = ☐

Name: ______________ Datum: ______________

Minusrechnen im Zahlenraum bis 10 — 2

Löse die Rechengeschichten mit Minus.

9 – 2 = ☐

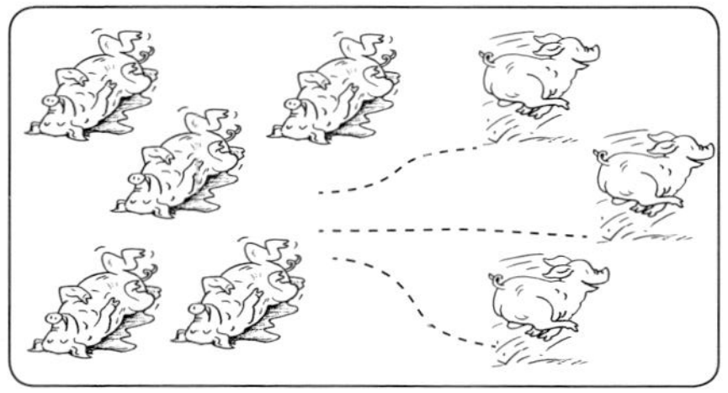

8 – 3 = ☐

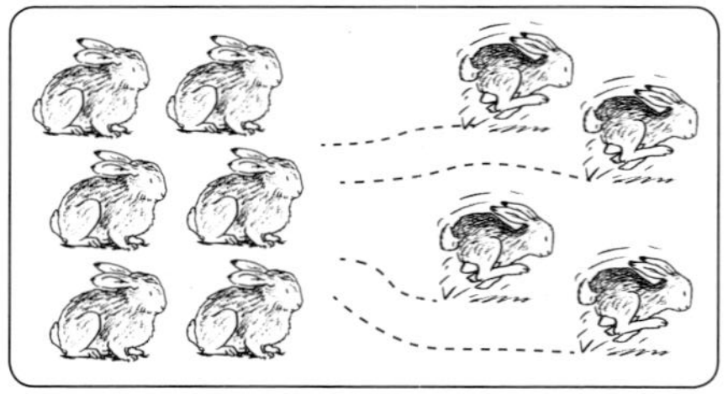

10 – 4 = ☐

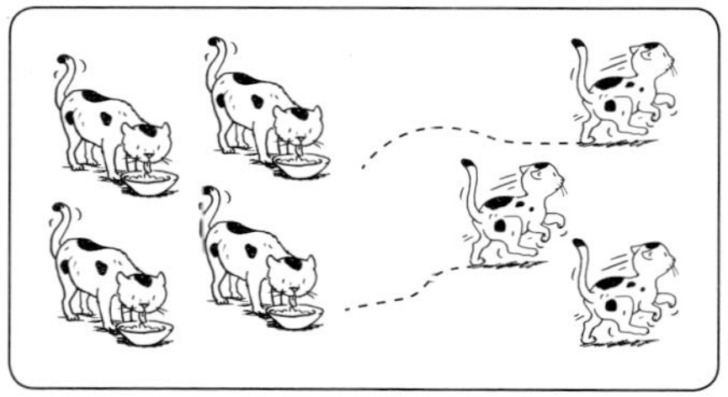

7 – 3 = ☐

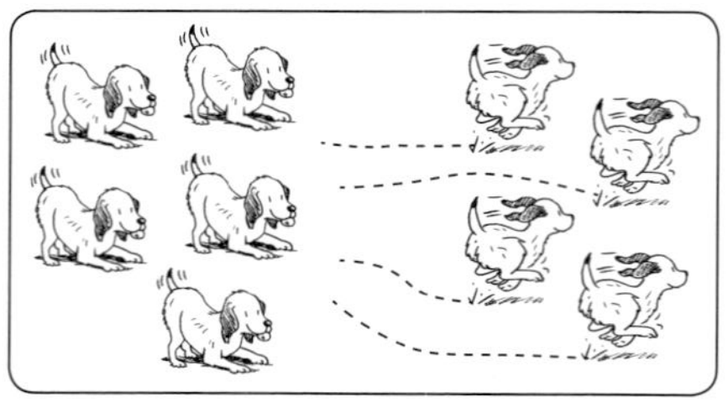

9 – 4 = ☐

8 – 2 = ☐

Name: ______________ Datum: ______________

Minusrechnen im Zahlenraum bis 10 — 3

Löse die Minusaufgaben.

8 – 2 = ☐

6 – 3 = ☐

10 – 2 = ☐

5 – 1 = ☐

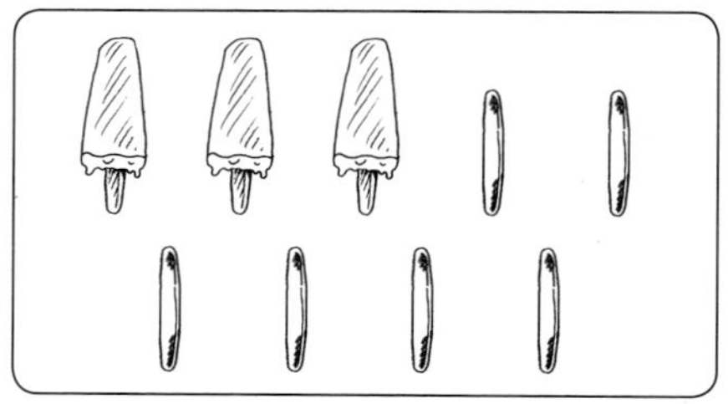

9 – 6 = ☐

7 – 2 = ☐

Name: ______________________ Datum: ____________

Minusrechnen im Zahlenraum bis 10 — 4

Löse die Minusaufgaben.

7 – 2 = ☐

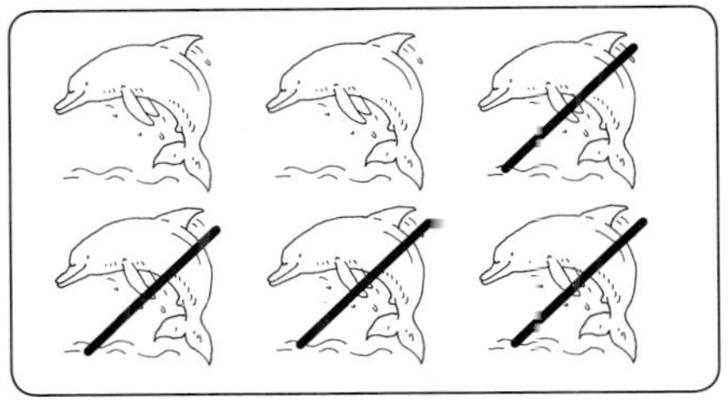

6 – 4 = ☐

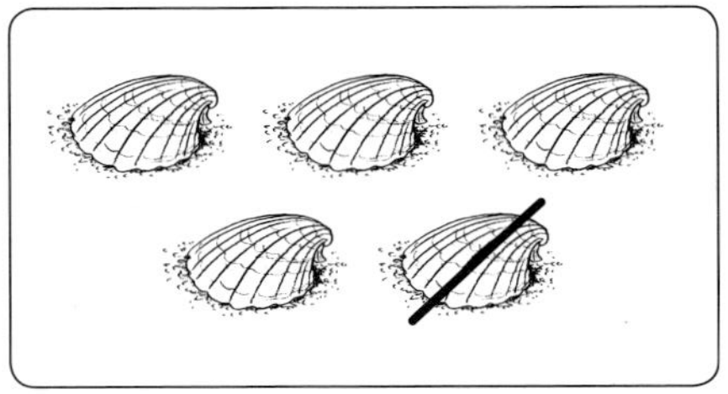

5 – 1 = ☐

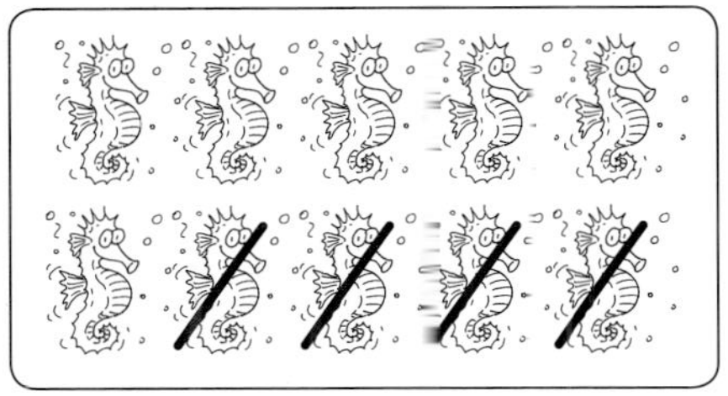

10 – 4 = ☐

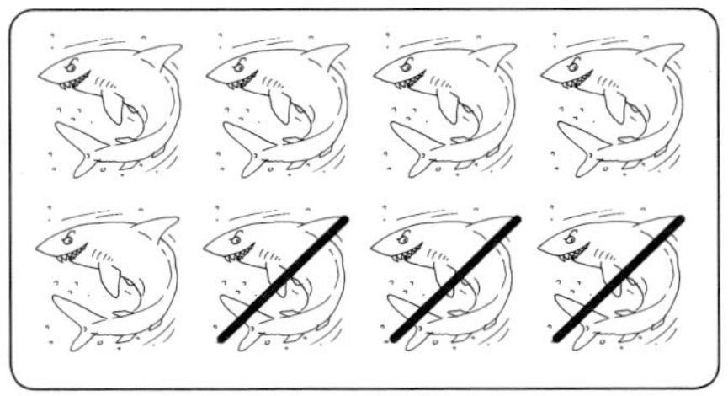

8 – 3 = ☐

7 – 4 = ☐

Name: ______________________ Datum: ____________

Minusrechnen im Zahlenraum bis 10 — 5

Räuber Kalle klaut Goldblöcke.
Wie viele lässt er liegen?

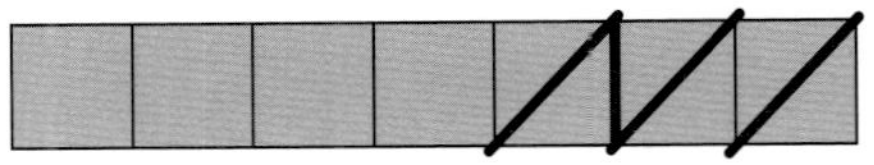

7 – 3 = ☐

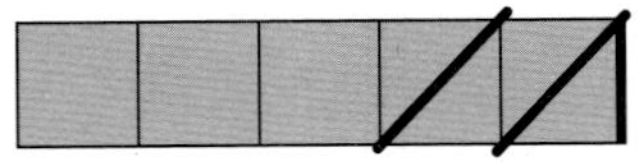

5 – 2 = ☐

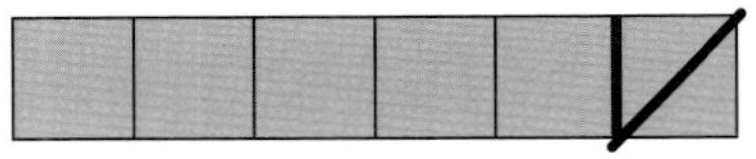

6 – 1 = ☐

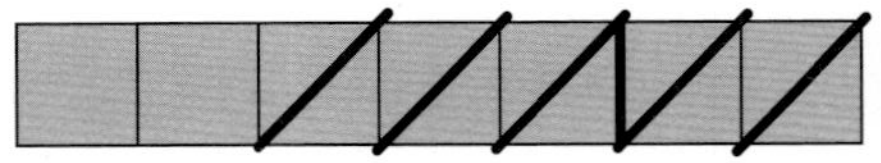

7 – 5 = ☐

8 – 3 = ☐

10 – 2 = ☐

Name: ___ Datum: ___

Minusrechnen im Zahlenraum bis 10 — 6

Löse die Minusaufgaben.

8 – 2 = ___

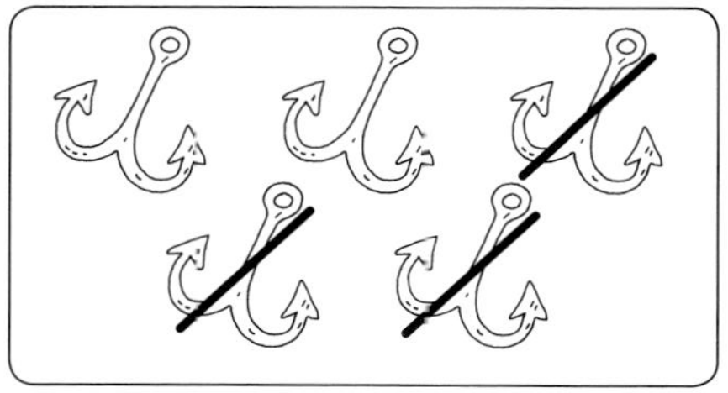

5 – 3 = ___

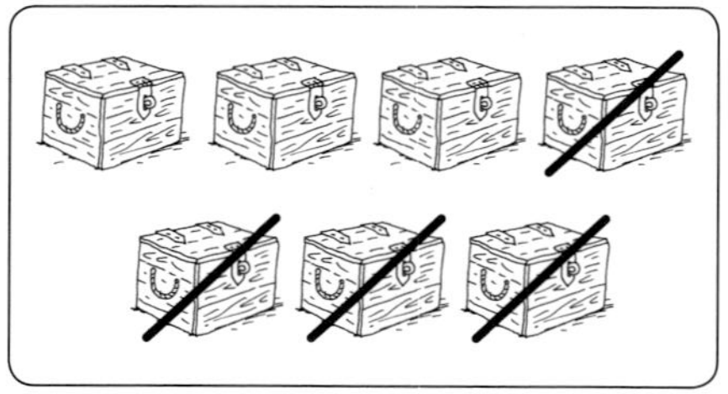

7 – ___ = ___

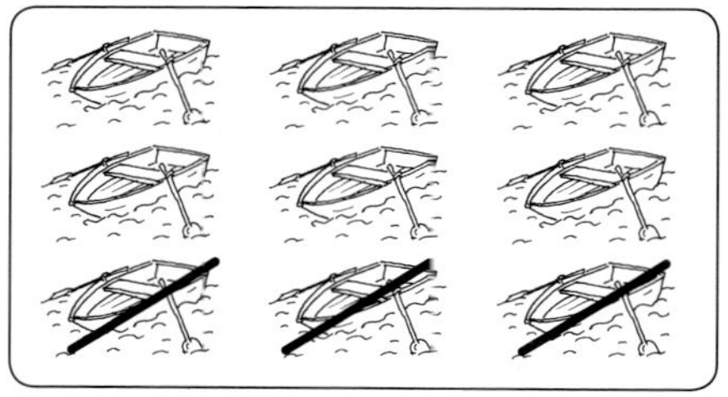

___ – ___ = ___

___ – ___ = ___

___ – ___ = ___

Name: ___ Datum: ___

Minusrechnen im Zahlenraum bis 10 — 7

Streiche durch und rechne aus.

7 – 2 = ___

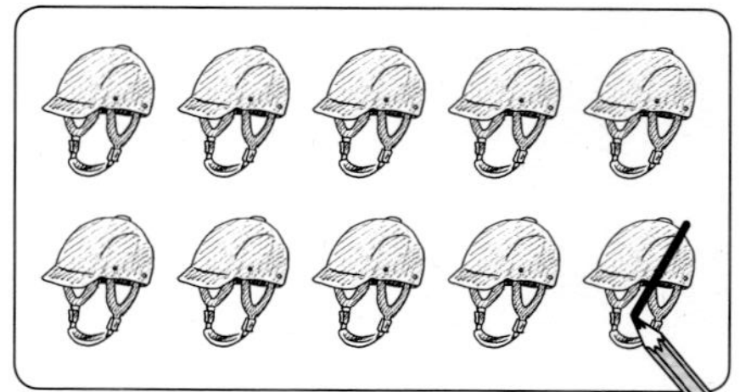

10 – 4 = ___

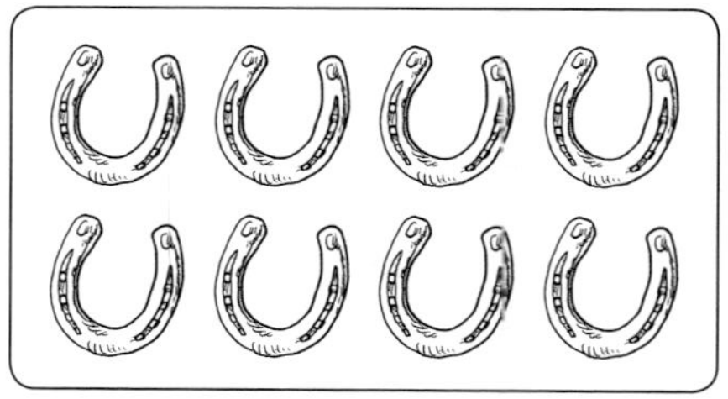

8 – 6 = ___

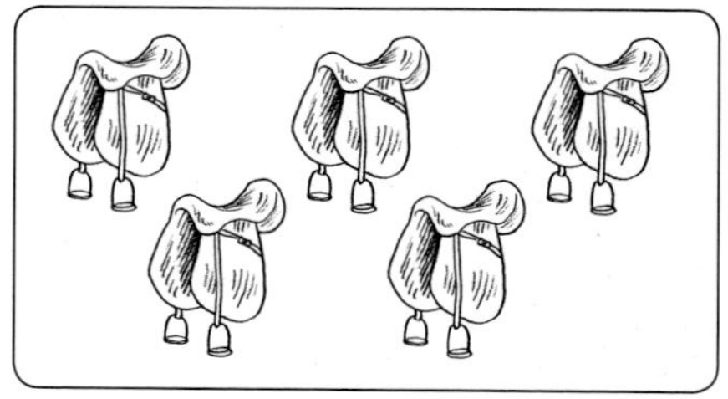

5 – 5 = ___

6 – 3 = ___

9 – 7 = ___

Name: ____________________ Datum: ____________

Minusrechnen im Zahlenraum bis 10 — 8

Streiche durch und rechne aus.

5 – 2 = □

10 – 3 = □

7 – 2 = □

6 – 6 = □

9 – 4 = □

8 – 0 = □

6 – 4 = □

9 – 6 = □

Name: ____________________ Datum: ____________

Minusrechnen im Zahlenraum bis 10 — 9

Male und rechne die Minusaufgaben.

8 – 5 = □

10 – 3 = □

7 – 5 = □

6 – 6 = □

9 – 6 = □

Rechne aus.

7 – 4 = □

10 – 2 = □

8 – 4 = □

9 – 3 = □

6 – 5 = □

7 – 3 = □

Name: ______________ Datum: ______________

Minusrechnen im Zahlenraum bis 10 — 10

Rechne aus. Trage den richtigen Buchstaben unten ein.

1. 8 – 6 = → 2 (T) / 3 (S)
2. 6 – 5 = → 2 (L) / 1 (O)
3. 7 – 2 = → 6 (S) / 5 (L)
4. 9 – 7 = → 2 (L) / 3 (A)

Lösung:

1	2	3	4

Rechne aus. Überprüfe deine Ergebnisse.

6 – 4 = ____
8 – 3 = ____
9 – 8 = ____
7 – 0 = ____

10 – 7 = ____
5 – 5 = ____
8 – 6 = ____
9 – 3 = ____

0 1 2 2 3 5 6 7

Name: ______________ Datum: ______________

Minusrechnen im Zahlenraum bis 10 — 11

Größer (>), kleiner (<) oder gleich (=)?

6 – 3 ◯ 4
10 – 7 ◯ 3
4 – 4 ◯ 4
8 – 6 ◯ 1
7 – 5 ◯ 2

9 – 0 ◯ 0
6 – 5 ◯ 1
10 – 4 ◯ 6
7 – 3 ◯ 5
8 – 4 ◯ 4

Löse die Rechenketten.

8 – 2 – 3 = ◇
10 – 4 – 5 = ◇
7 – 1 – 4 = ◇
10 – 2 – 0 – 6 = ◇
9 – 3 – 3 – 3 = ◇

Name: ______________ Datum: ______________

Minusrechnen im Zahlenraum bis 10 — 12

Was gehört nicht dazu? Streiche durch.

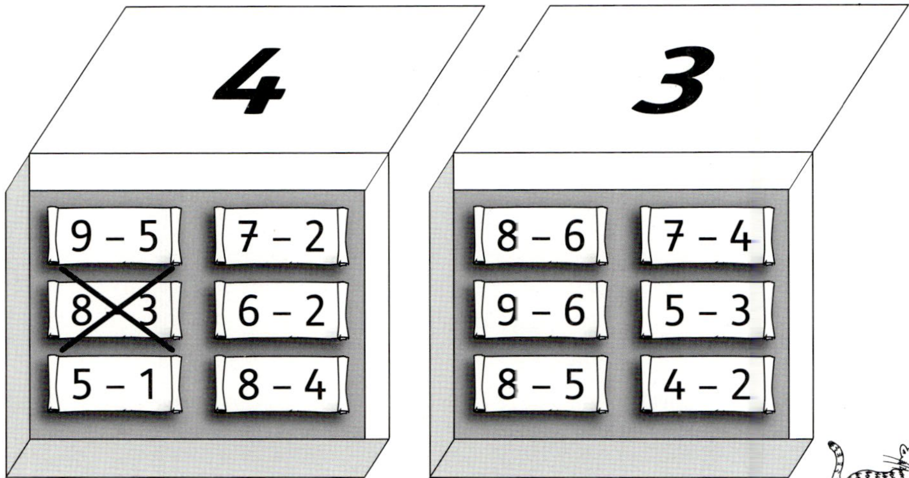

Löse die Rechenräder.

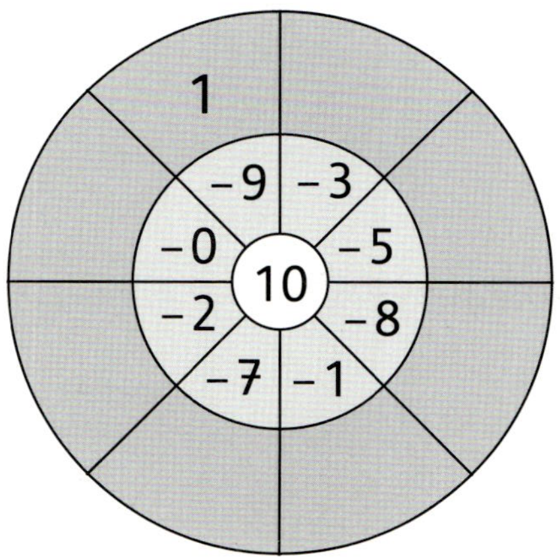

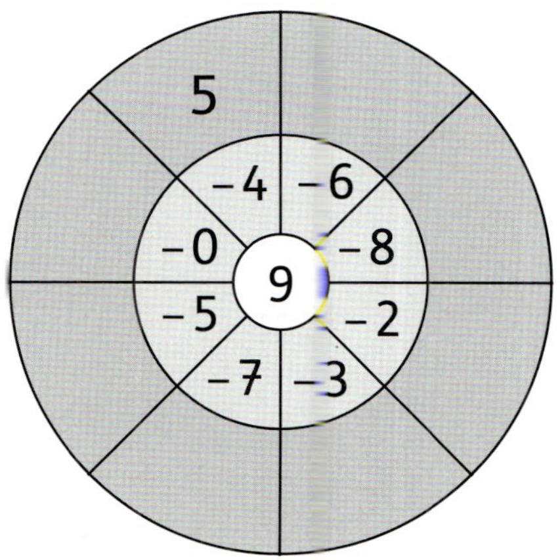

Name: ______________ Datum: ______________

Minusrechnen im Zahlenraum bis 10 — 13

Richtig ✔ oder falsch f?

10 – 8 = 3	✔	(f)
7 – 5 = 2	✔	f
8 – 8 = 8	✔	f
9 – 2 = 6	✔	f
6 – 0 = 6	✔	f

6 – 2 = 4	✔	f
10 – 7 = 3	✔	f
7 – 4 = 4	✔	f
9 – 8 = 1	✔	f
10 – 4 = 7	✔	f

Verbinde.

7 – 5 = __
6 – 5 = __
8 – 3 = __
9 – 1 = __

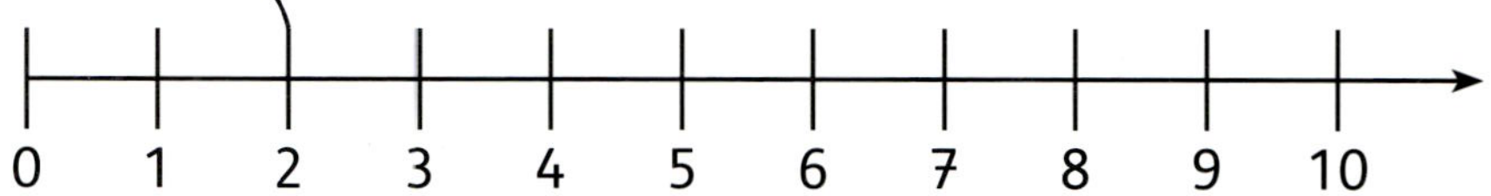

5 – 2 = __
8 – 4 = __
10 – 2 = __
9 – 9 = __
10 – 0 = __

Name: ____________________ Datum: ____________

Minusrechnen im Zahlenraum bis 10 — 14

Schreibe die Umkehraufgaben.

- 9 → – 6 → ☐ ; ☐ → + 6 → 9
- 10 → – 2 → ☐ ; ☐ → + __ → 10
- 6 → – 3 → ☐ ; ☐ → + __ → 6
- 8 → – 3 → ☐ ; ☐ → + __ → 8
- 7 → – 5 → ☐ ; ☐ → + __ → 7

Verbinde so, dass Minusaufgaben entstehen.

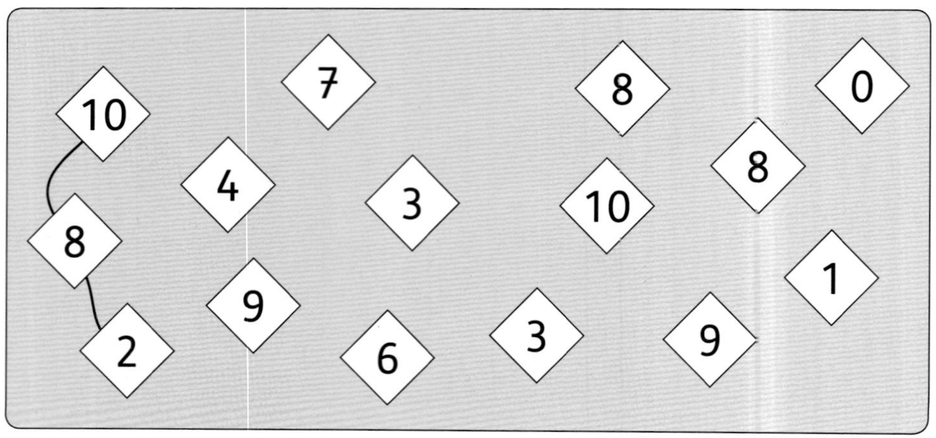

Name: ____________________ Datum: ____________

Minusrechnen im Zahlenraum bis 10 — 15

Löse die Textaufgaben!

Sara hat acht Wunderkerzen.
Fünf zündet sie an.

Frage: Wie viele Wunderkerzen hat sie danach noch übrig?

Rechnung: ____________________

Antwort: ____________________

____

Simon hat neun Gummibärchen.
Davon isst er sieben auf.

Frage: Wie viele Gummibärchen hat er noch übrig?

Rechnung: ____________________

Antwort: ____________________

____

Name: ______________________ Datum: ____________

Minusrechnen mit Geld im Zahlenraum bis 10 — 1

Wie viel €?

4 € – 1 € = ___ €

7 € – 5 € = ___ €

6 € – 3 € = ___ €

5 € – 1 € = ___ €

Name: ______________________ Datum: ____________

Minusrechnen mit Geld im Zahlenraum bis 10 — 2

Wie viel €?

3 € – 1 € = ___ €

5 € – 2 € = ___ €

6 € – 5 € = ___ €

4 € – 2 € = ___ €

Name: ______________ Datum: ______________

Minusrechnen mit Geld im Zahlenraum bis 10 — 3

Wie viel ct?

5 ct – 3 ct = ___ ct

9 ct – 4 ct = ___ ct

7 ct – 3 ct = ___ ct

6 ct – 2 ct = ___ ct

Name: ______________ Datum: ______________

Minusrechnen mit Geld im Zahlenraum bis 10 — 4

Wie viel €? Streiche durch.

9 € – 3 € = ___ €

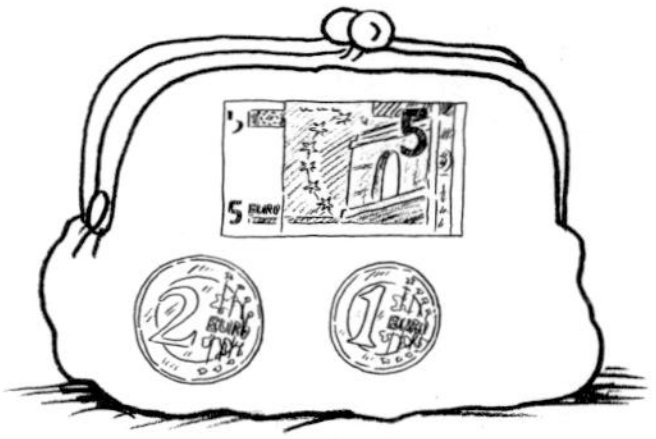

8 € – 5 € = ___ €

7 € – 4 € = ___ €

9 € – 6 € = ___ €

6 € – 4 € = ___ €

8 € – 6 € = ___ €

Name: ______________________ Datum: ____________

Minusrechnen mit Geld im Zahlenraum bis 10 — 5

Wie viel ct? Streiche durch.

8 ct – 6 ct = ___ ct

6 ct – 5 ct = ___ ct

9 ct – 7 ct = ___ ct

8 ct – 4 ct = ___ ct

7 ct – 4 ct = ___ ct

9 ct – 2 ct = ___ ct

Name: ______________________ Datum: ____________

Minusrechnen mit Geld im Zahlenraum bis 10 — 6

Wie viel € bekommst du zurück?

Du kaufst:	Du bezahlst:	Du bekommst zurück:
 2 €		10 € – 2 € = ____ €
 5 €		10 € – ____ € = ____ €
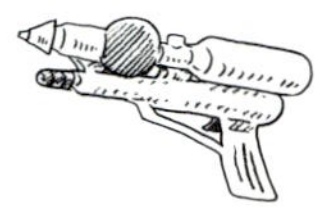 8 €		____ € – ____ € = ____ €
 6 €		____ € – ____ € = ____ €
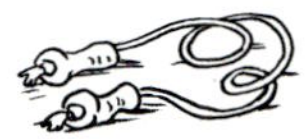 7 €		____ € – ____ € = ____ €

Name: ______________________ Datum: ______________

Minusrechnen mit Geld im Zahlenraum bis 10 — 7

Wie viel € bekommst du zurück?

5 € – 4 € = ___ €

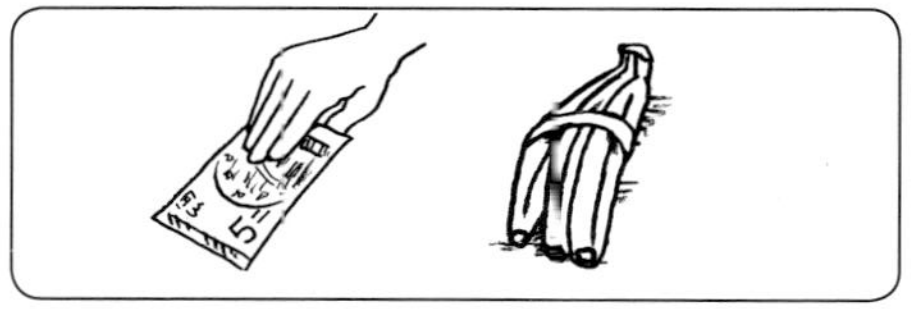

5 € – ___ € = ___ €

___ € – ___ € = ___ €

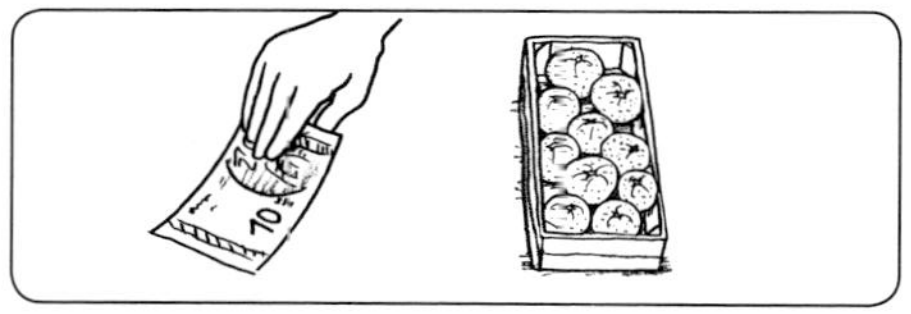

___ € – ___ € = ___ €

___ € – ___ € = ___ €

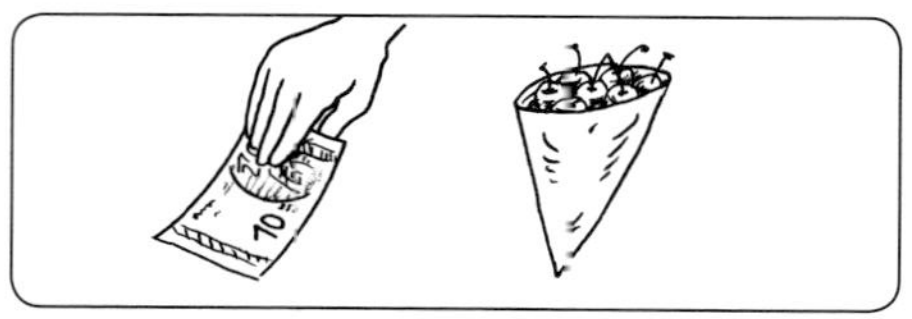

___ € – ___ € = ___ €

Name: ______________________ Datum: ______________

Minusrechnen mit Geld im Zahlenraum bis 10 — 8

Wie viel € kannst du sparen?

Artikel:	Alter Preis:	Angebotspreis:	gespart:
	4 €	3 €	4 € – 3 € = ___ €
	___ €	___ €	___ € – ___ € = ___ €
	___ €	___ €	___ € – ___ € = ___ €
	___ €	___ €	___ € – ___ € = ___ €
	___ €	___ €	___ € – ___ € = ___ €

Name: ____________________ Datum: __________

Minusrechnen mit Geld im Zahlenraum bis 10 — 9

Was hast du gekauft? Male.

		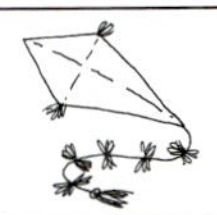	
1 €	2 €	3 €	4 €

Anfangsgeld	gekauft:	Restgeld
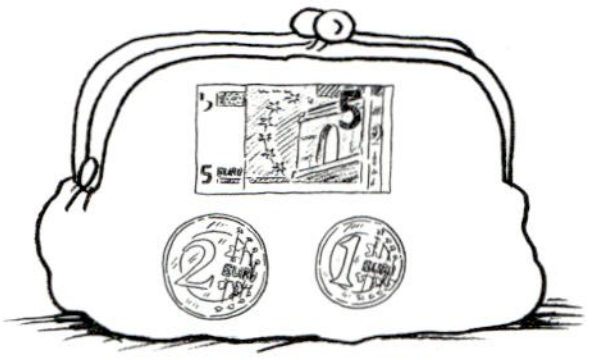		

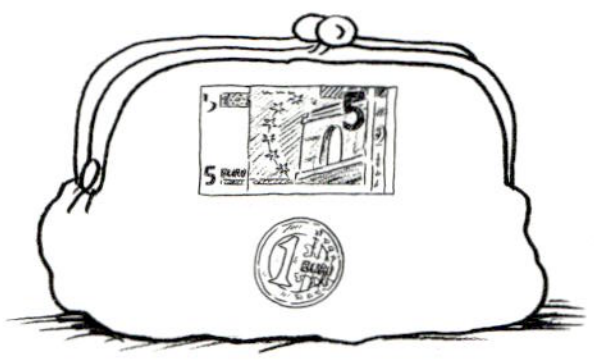		

Name: ____________________ Datum: __________

Minusrechnen mit Geld im Zahlenraum bis 10 — 10

Wie viel € bekommst du zurück?

	 4 €	 3 €	 5 €
	5 € – 4 € = ___ €	5 € – 3 € = ___ €	5 € – 5 € = ___ €
	10 € – 4 € = ___ €	___ € – ___ € = ___ €	___ € – ___ € = ___ €
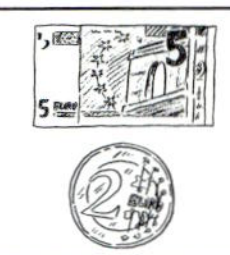	___ € – ___ € = ___ €	___ € – ___ € = ___ €	___ € – ___ € = ___ €

	 3 €	 6 €	 2 €
	10 € – 3 € = ___ €	10 € – 6 € = ___ €	10 € – 2 € = ___ €
	8 € – 3 € = ___ €	___ € – ___ € = ___ €	___ € – ___ € = ___ €
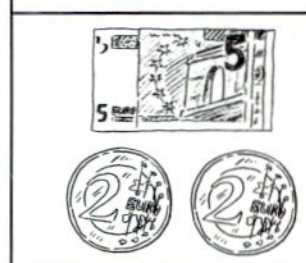	___ € – ___ € = ___ €	___ € – ___ € = ___ €	___ € – ___ € = ___ €

Name: ____________________ Datum: ____________

Minusrechnen mit Geld im Zahlenraum bis 10 — 11

Male das Restgeld.

2 ct	3 ct	4 ct	5 ct

Bezahlt mit:	Kauft ein:	Restgeld:

Name: ____________________ Datum: ____________

Minusrechnen mit Geld im Zahlenraum bis 10 — 12

Wie viel € bekommst du zurück?

Du kaufst:		Du bezahlst mit:	Du bekommst zurück:
			10 € – ___ € – ___ € = ___ €
			10 € – ___ € – ___ € = ___ €
			___ € – ___ € – ___ € = ___ €
			___ € – ___ € – ___ € = ___ €
			___ € – ___ € – ___ € = ___ €
			___ € – ___ € – ___ € = ___ €

Name: ______________ Datum: ______________

Minusrechnen mit Geld im Zahlenraum bis 10 — 13

Löse die Textaufgaben.

Tim hat 8 €.
Er kauft sich eine CD für 5 €.

Frage: Wie viel € hat Tim noch übrig?

Rechnung: ______________

Antwort: ______________

____

Sara hat 9 €.
Sie kauft sich eine Kette für 7 €.

Frage: Wie viel € hat Sara noch übrig?

Rechnung: ______________

Antwort: ______________

____

Name: ______________ Datum: ______________

Minusrechnen im Zahlenraum bis 15 ohne 10er-Unterschreitung — 1

Rechengeschichten mit Minus.

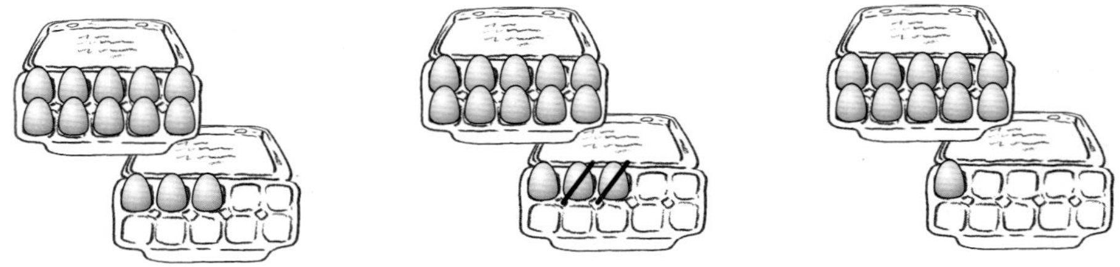

13 – 2 = ☐

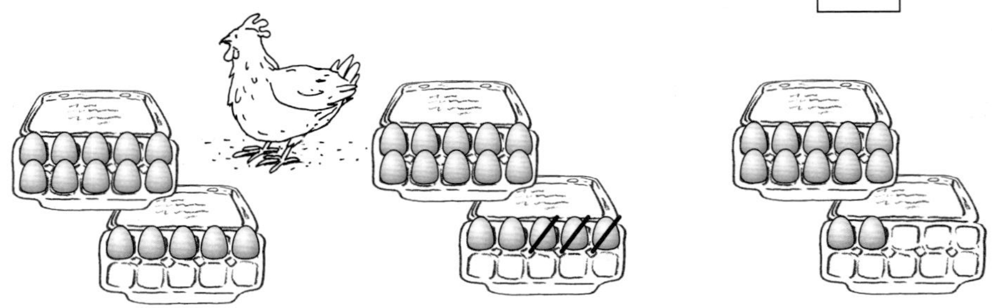

15 – 3 = ☐

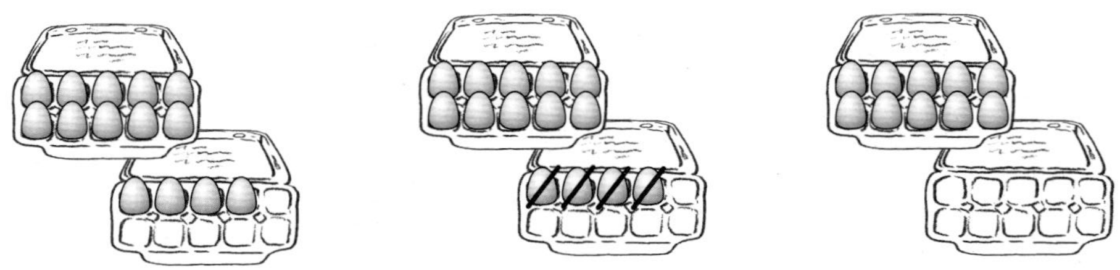

14 – 4 = ☐

Name: ______________________ Datum: ______________

Minusrechnen im Zahlenraum bis 15 ohne 10er-Unterschreitung 2

Löse die Rechengeschichten mit Minus.

15 - 2 = ☐

13 - 1 = ☐

11 - 1 = ☐

14 - 2 = ☐

15 - 1 = ☐

13 - 3 = ☐

Name: ______________________ Datum: ______________

Minusrechnen im Zahlenraum bis 15 ohne 10er-Unterschreitung 3

Löse die Minusaufgaben.

14 - 3 = ☐

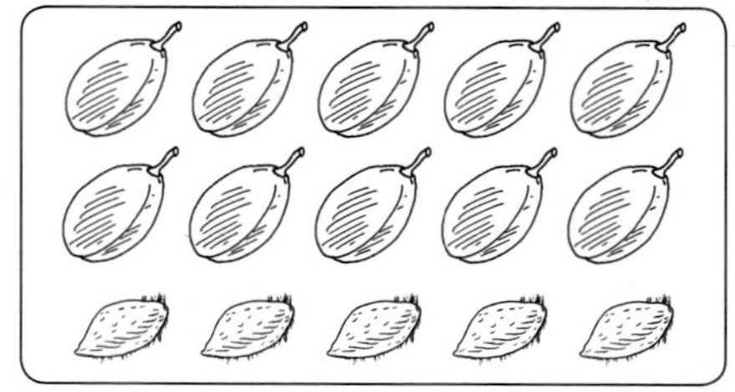

15 - 5 = ☐

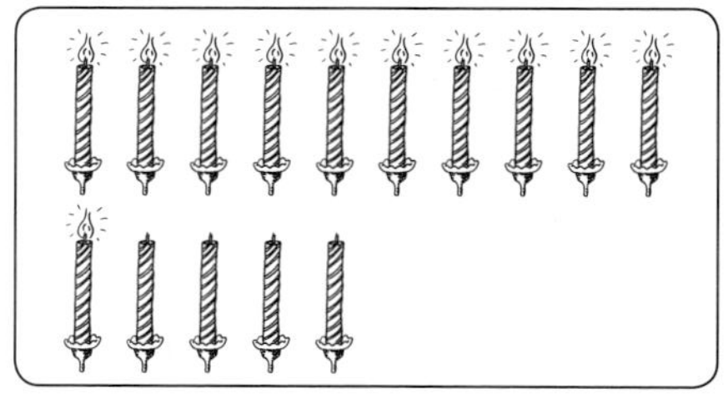

15 - 4 = ☐

12 - 1 = ☐

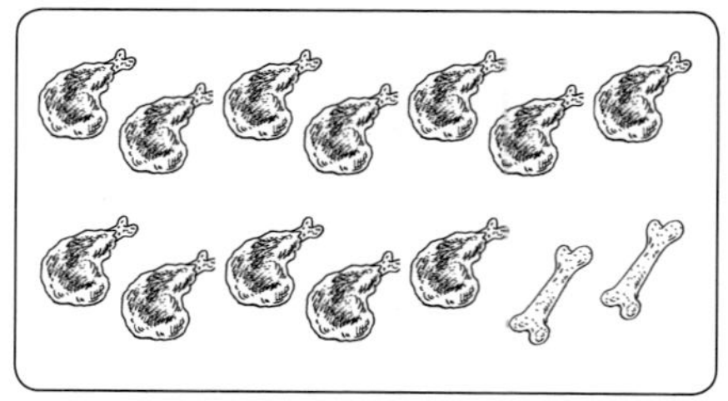

14 - 2 = ☐

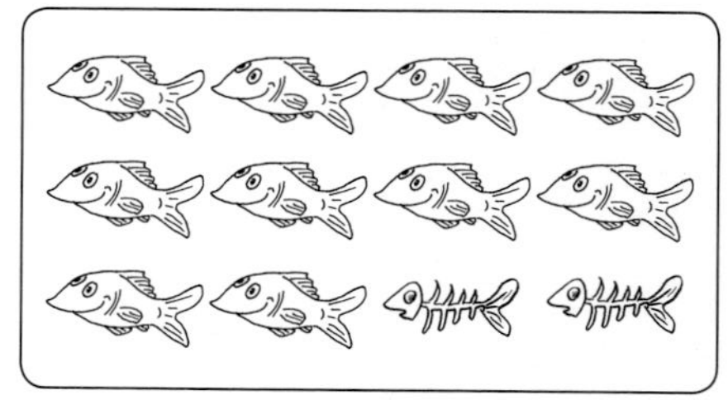

12 - 2 = ☐

Name: ______________________ Datum: ____________

Minusrechnen im Zahlenraum bis 15 ohne 10er-Unterschreitung 4

Löse die Minusaufgaben.

12 – 2 = ☐

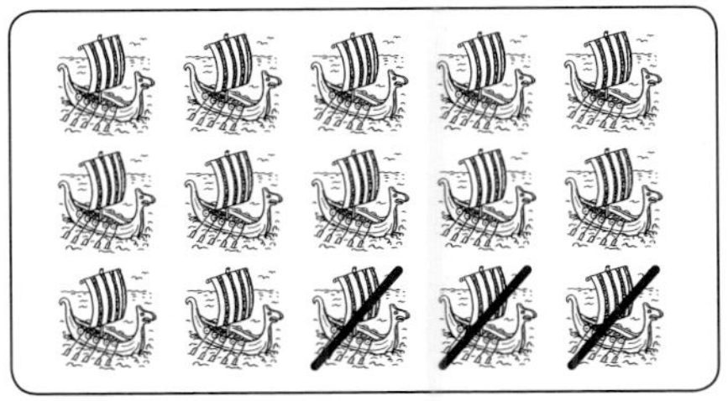

15 – 3 = ☐

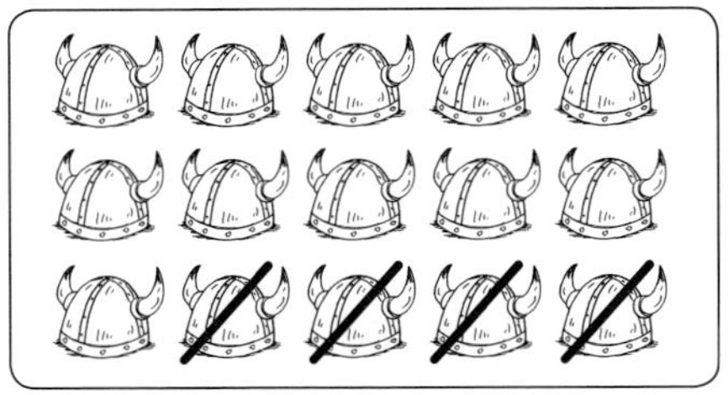

15 – 4 = ☐

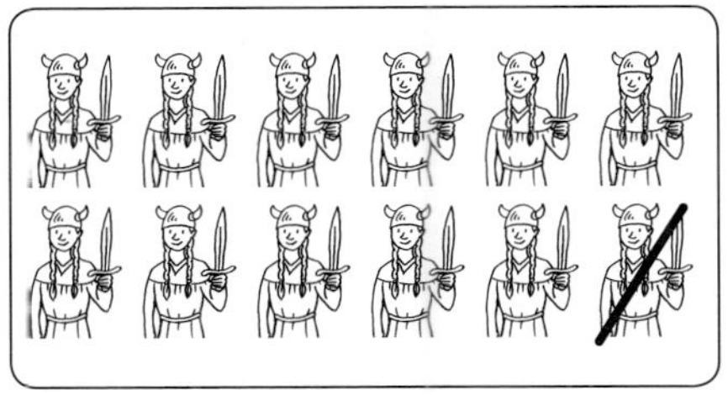

12 – 1 = ☐

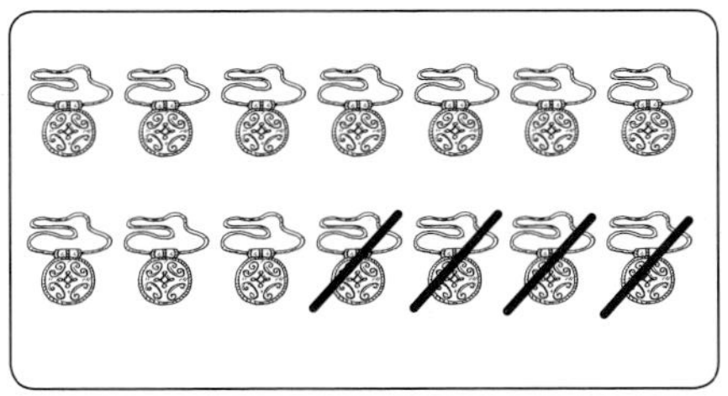

14 – 4 = ☐

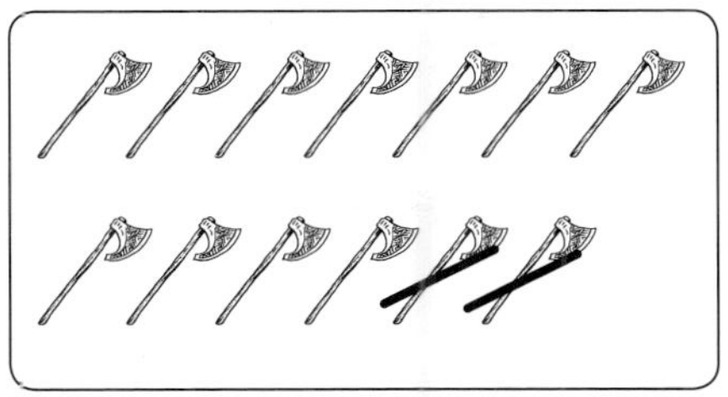

13 – 2 = ☐

Name: ______________________ Datum: ____________

Minusrechnen im Zahlenraum bis 15 ohne 10er-Unterschreitung 5

Räuber Kalle klaut Goldblöcke.
Wie viele lässt er liegen?

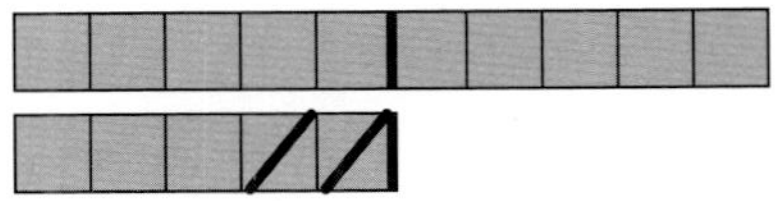

15 – 2 = ☐

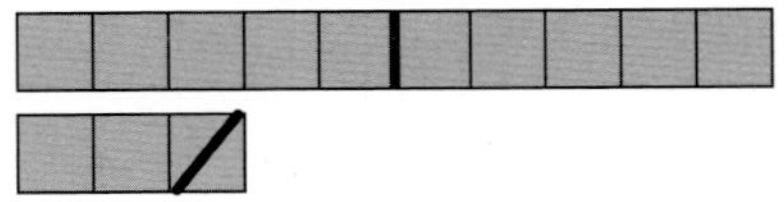

13 – 1 = ☐

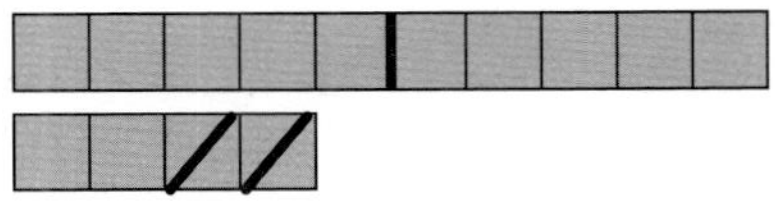

14 – 2 = ☐

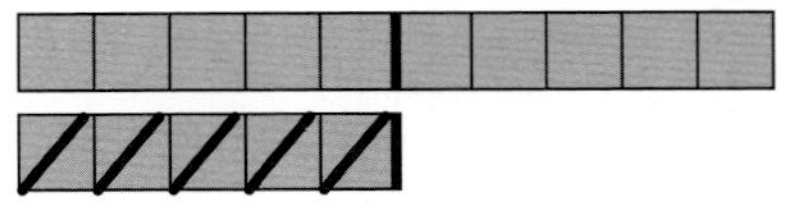

15 – 5 = ☐

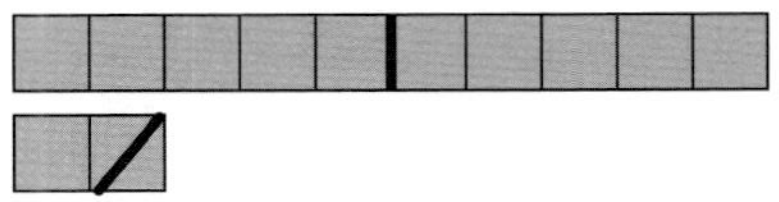

12 – 1 = ☐

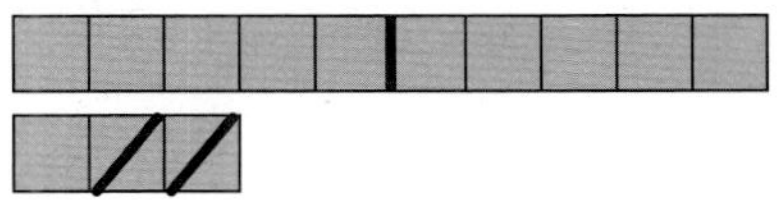

13 – 2 = ☐

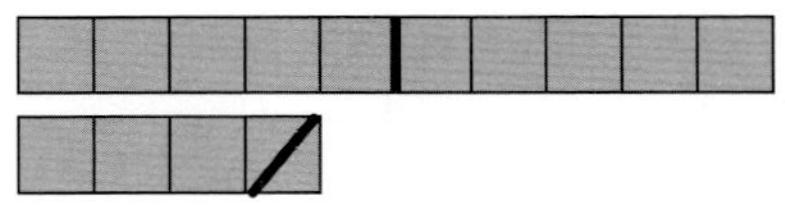

14 – 1 = ☐

Name: ______________ Datum: ______________

Minusrechnen im Zahlenraum bis 15 mit geführter 10er-Unterschreitung 6

Zuerst zur 10! Zeichne und rechne.

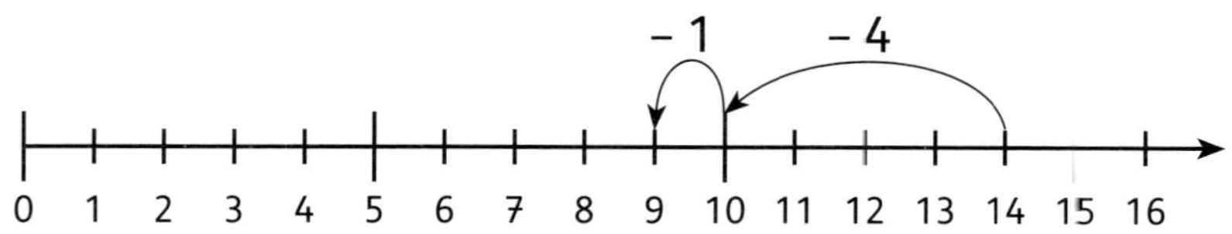

14 – 5 = ___

14 – 4 – 1 = ___

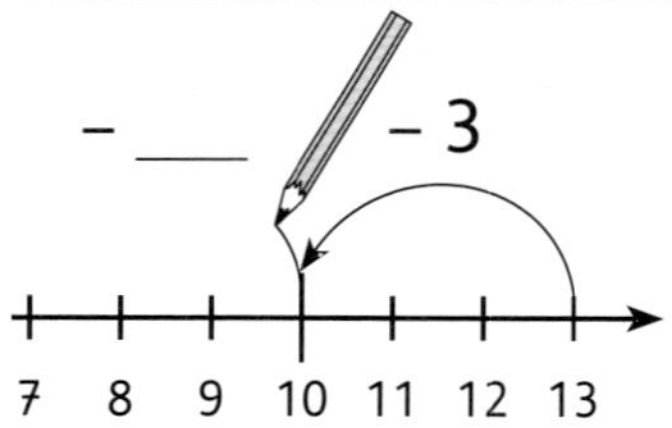

13 – 5 = ___

13 – 3 – ___ = ___

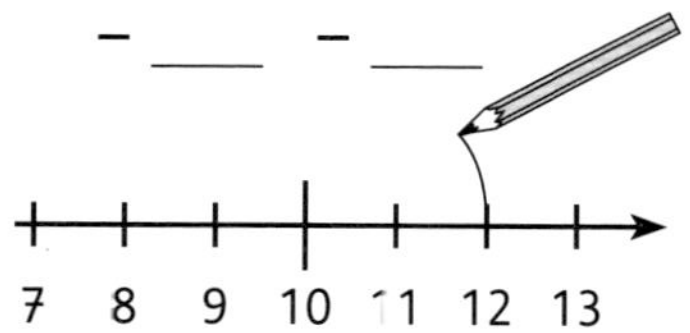

12 – 5 = ___

12 – ___ – ___ = ___

– ___ – ___

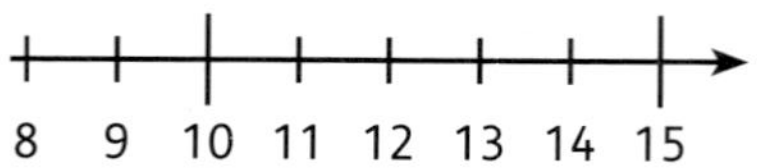

15 – 7 = ___

15 – ___ – ___ = ___

– ___ – ___

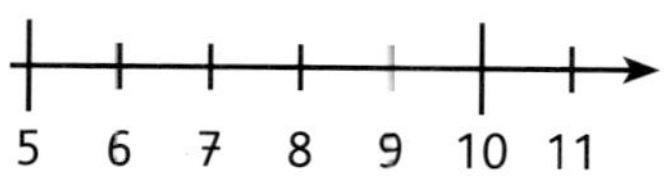

11 – 6 = ___

11 – ___ – ___ = ___

Name: ______________ Datum: ______________

Minusrechnen im Zahlenraum bis 15 mit geführter 10er-Unterschreitung 7

Zuerst zur 10! Streiche durch.

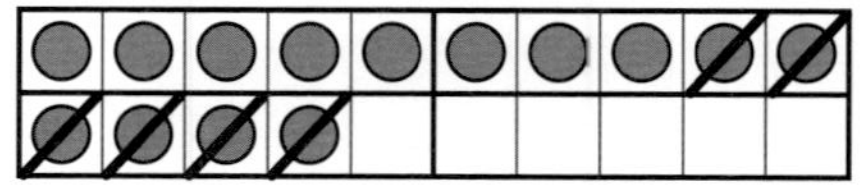

14 – 6 = ___

14 – 4 – ___ = ___

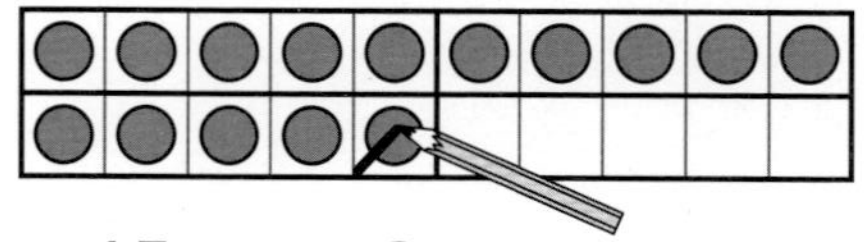

15 – 9 = ___

15 – ___ – ___ = ___

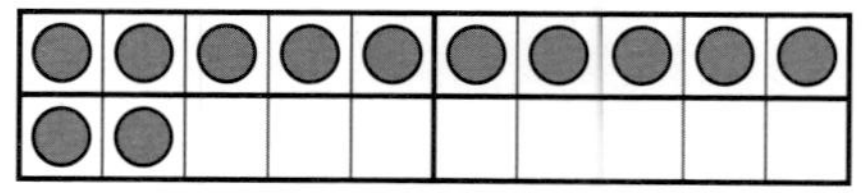

12 – 8 = ___

12 – ___ – ___ = ___

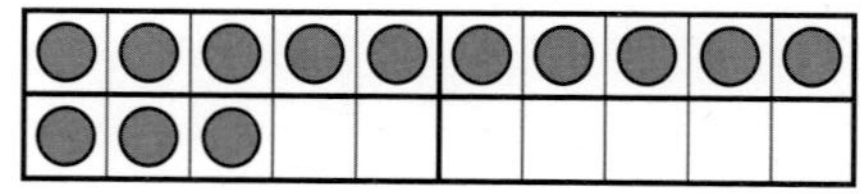

13 – 6 = ___

13 – ___ – ___ = ___

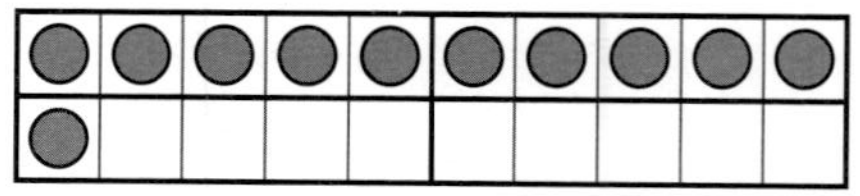

11 – 5 = ___

11 – ___ – ___ = ___

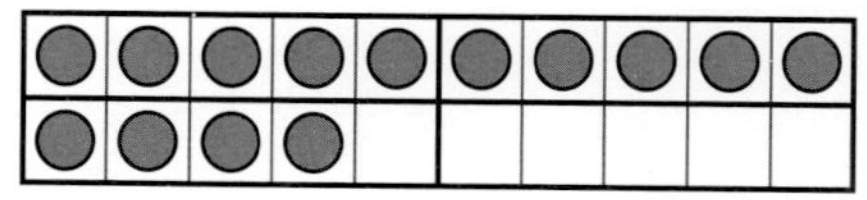

14 – 9 = ___

14 – ___ – ___ = ___

Name: ____________________ Datum: ____________

Minusrechnen im Zahlenraum bis 15 mit geführter 10er-Unterschreitung — 8

Zuerst zur 10!

13 –9 → □; 13 (–3) → 10 (–) → □	12 –6 → □; 12 (–2) → 10 (–) → □	14 –8 → □; 14 (–) → 10 (–) → □
15 –7 → □; 15 (–) → 10 (–) → □		12 –8 → □; 12 (–) → 10 (–) → □
13 –5 → □; 13 (–) → 10 (–) → □	11 –4 → □; 11 (–) → 10 (–) → □	14 –7 → □; 14 (–) → 10 (–) → □

Name: ____________________ Datum: ____________

Minusrechnen im Zahlenraum bis 15 mit geführter 10er-Unterschreitung — 9

Zuerst zur 10!

12 – 8 = □

12 – 2 = 10

10 – 6 = □

14 – 5 = □

14 – 4 = 10

10 – □ = □

15 – 9 = □

15 – □ = 10

10 – □ = □

11 – 6 = □

11 – □ = 10

10 – □ = □

13 – 6 = □

13 – □ = 10

10 – □ = □

15 – 7 = □

15 – □ = 10

10 – □ = □

Name: ______________ Datum: ______________

Minusrechnen im Zahlenraum bis 15 mit geführter 10er-Unterschreitung — 10

Zuerst zur 10!

15 – 6

15 $\xrightarrow{-5}$ 10 $\xrightarrow{-1}$ ____

15 $\xrightarrow{-6}$ ____

13 – 8

13 $\xrightarrow{-3}$ 10 $\xrightarrow{-\ }$ ____

13 $\xrightarrow{-8}$ ____

14 – 7

14 $\xrightarrow{-\ }$ 10 $\xrightarrow{-\ }$ ____

14 $\xrightarrow{-7}$ ____

12 – 4

12 $\xrightarrow{-\ }$ 10 $\xrightarrow{-\ }$ ____

12 $\xrightarrow{-4}$ ____

14 – 9

14 $\xrightarrow{-\ }$ 10 $\xrightarrow{-\ }$ ____

14 $\xrightarrow{-9}$ ____

15 – 8

15 $\xrightarrow{-\ }$ 10 $\xrightarrow{-\ }$ ____

15 $\xrightarrow{-8}$ ____

Name: ______________ Datum: ______________

Minusrechnen im Zahlenraum bis 15 mit 10er-Unterschreitung — 11

Bilde Aufgaben mit den 3 Zahlen auf den Bällen.

8	+	7	=	
7	+		=	
15	–		=	
	–		=	

9	+		=	
	+		=	
	–		=	
	–		=	

Fülle aus.

	9	14			10		8		
– 4			7	9		8		11	3
– 7									

Name: ______________________ Datum: ____________

Minusrechnen im Zahlenraum bis 15 mit 10er-Unterschreitung — 12

Verbinde.

Fülle aus.

–	8	5	7
13			
15			
12			

–	9	6	8
14			
11			
13			

Name: ______________________ Datum: ____________

Minusrechnen im Zahlenraum bis 15 mit 10er-Unterschreitung — 13

Richtig ✔ oder falsch f?

14 – 5 = 9	✔	f
11 – 7 = 4	✔	f
12 – 9 = 2	✔	f
15 – 8 = 6	✔	f
10 – 3 = 7	✔	f
14 – 6 = 8	✔	f

11 – 5 = 7	✔	f
12 – 7 = 5	✔	f
15 – 6 = 9	✔	f
13 – 8 = 6	✔	f
12 – 4 = 8	✔	f
15 – 9 = 7	✔	f

Verbinde.

14	– 6	= 7
13	– 9	= 5
15	– 8	= 6
12	– 6	= 7

Name: ______________ Datum: ______________

Minusrechnen im Zahlenraum bis 15 mit 10er-Unterschreitung — 14

Rechne aus. Trage den richtigen Buchstaben unten ein.

15 – 7 = ☐ = K

13 – 9 = ☐ = A

12 – 5 = ☐ = I

14 – 8 = ☐ = R

11 – 6 = ☐ = F

13 – 4 = ☐ = A

Lösung:

4	5	6	7	8	9

Schreibe die Umkehraufgaben.

11 → – 7 → ☐ ; ☐ → + → 11

15 → – 8 → ☐ ; ☐ → + → 15

13 → – 5 → ☐ ; ☐ → + → 13

Name: ______________ Datum: ______________

Minusrechnen im Zahlenraum bis 15 mit 10er-Unterschreitung — 15

Löse die Textaufgaben.

14 Kinder sitzen im Bus.
Drei Kinder steigen aus.

Frage: Wie viele Kinder sitzen noch im Bus?

Rechnung: ______________

Antwort: ______________

____

Tom baut einen Turm mit elf Bauklötzen.
Fünf Klötze fallen herunter.

Frage: Wie viele Klötze hat sein Turm noch?

Rechnung: ______________

Antwort: ______________

____

Name: ____________________ Datum: ____________

Minusrechnen im Zahlenraum bis 20 ohne 10er-Unterschreitung — 1

Rechengeschichten mit Minus.

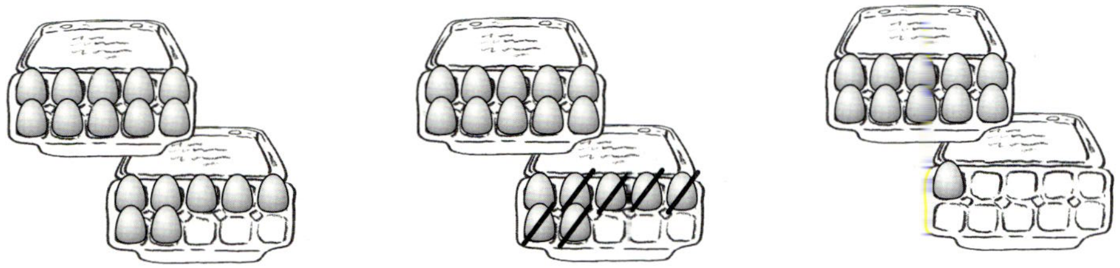

17 – 6 = ☐

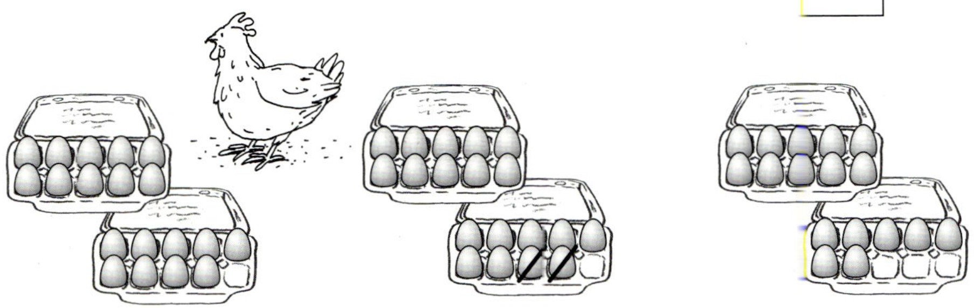

19 – 2 = ☐

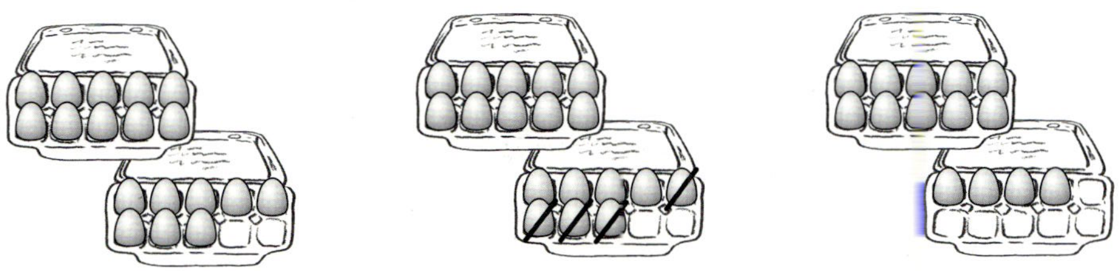

18 – 4 = ☐

Name: ____________________ Datum: ____________

Minusrechnen im Zahlenraum bis 20 ohne 10er-Unterschreitung — 2

Löse die Minusaufgaben.

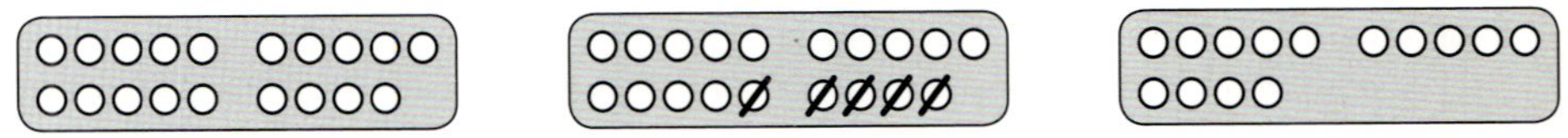

19 – 5 = ☐

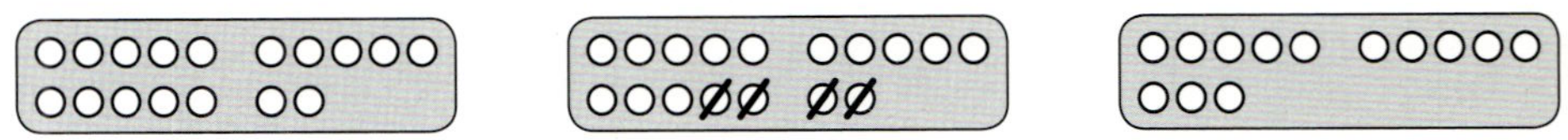

17 – 4 = ☐

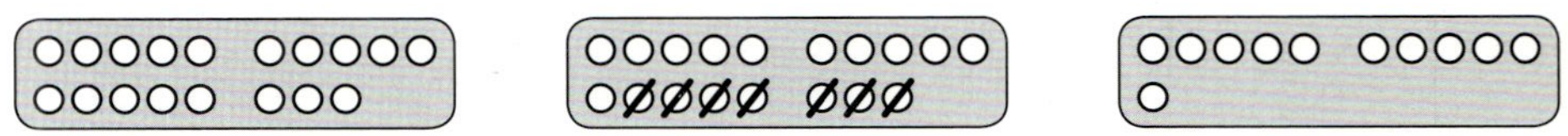

18 – 7 = ☐

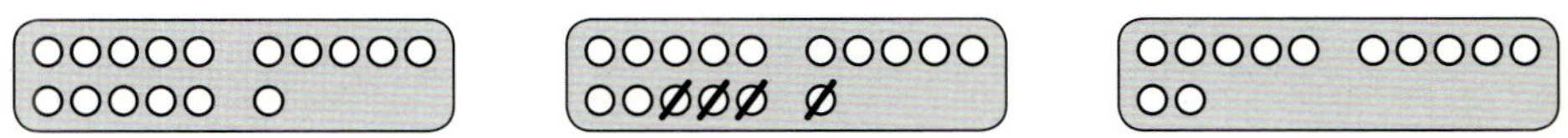

16 – 4 = ☐

Name: ______________ Datum: ______________

Minusrechnen im Zahlenraum bis 20 ohne 10er-Unterschreitung 3

Löse die Rechengeschichten mit Minus.

18 – 3 = ☐

16 – 5 = ☐

17 – 2 = ☐

19 – 6 = ☐

15 – 1 = ☐

13 – 3 = ☐

Name: ______________ Datum: ______________

Minusrechnen im Zahlenraum bis 20 ohne 10er-Unterschreitung 4

Löse die Minusaufgaben.

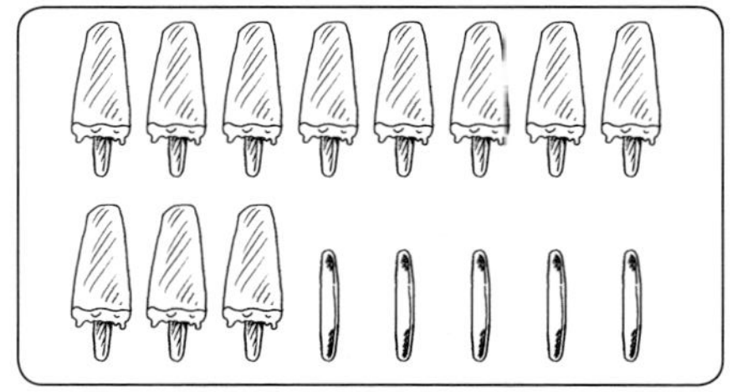

16 – 5 = ☐

18 – 3 = ☐

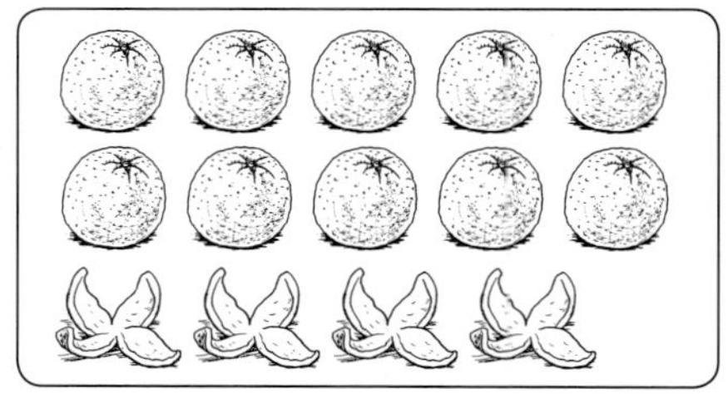

14 – 4 = ☐

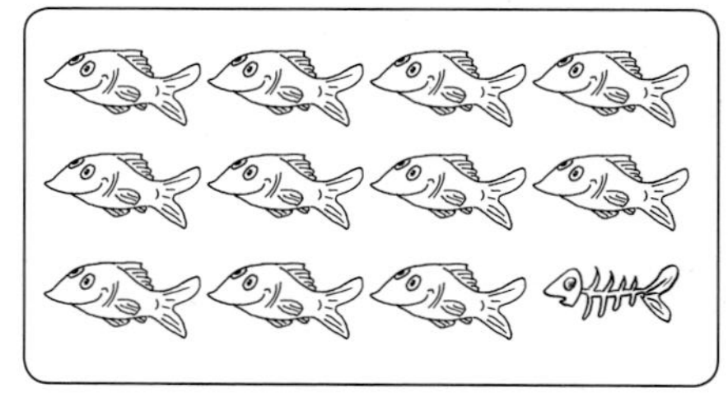

12 – 1 = ☐

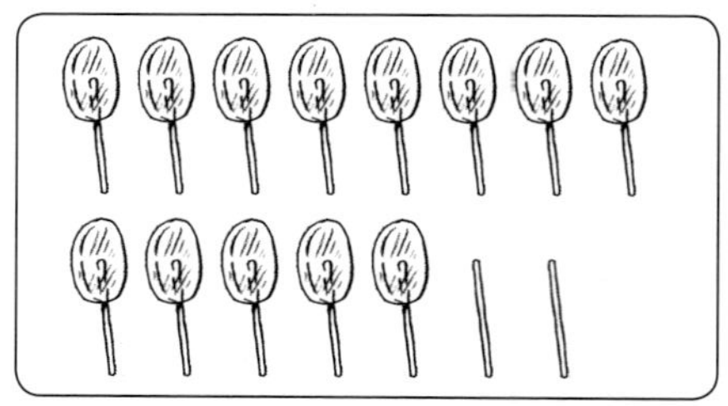

15 – 2 = ☐

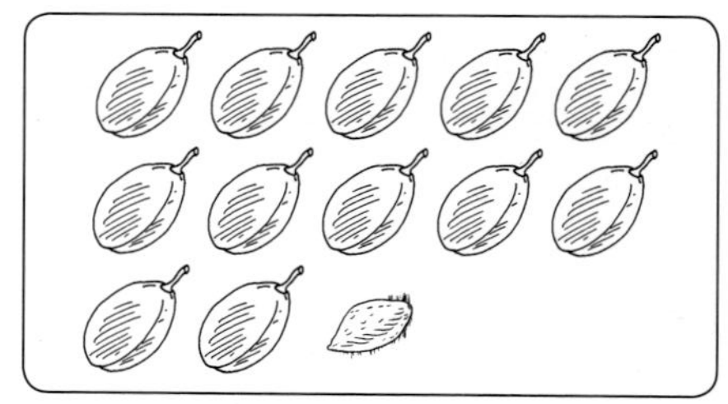

13 – 1 = ☐

Name: ____________ Datum: ____________

Minusrechnen im Zahlenraum bis 20 ohne 10er-Unterschreitung 5

Räuber Kalle klaut Goldblöcke. Wie viele lässt er liegen?

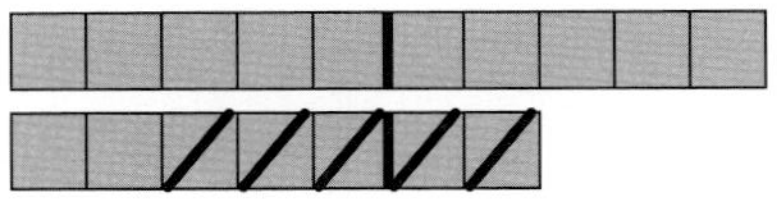

17 – 5 = ☐

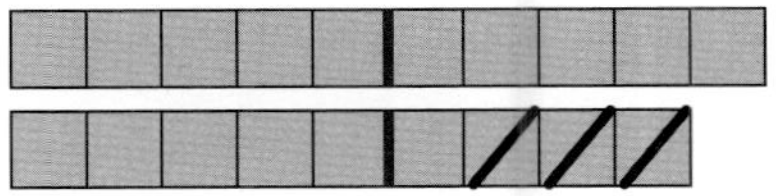

19 – 3 = ☐

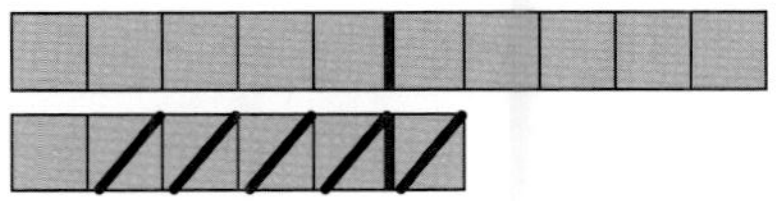

16 – 5 = ☐

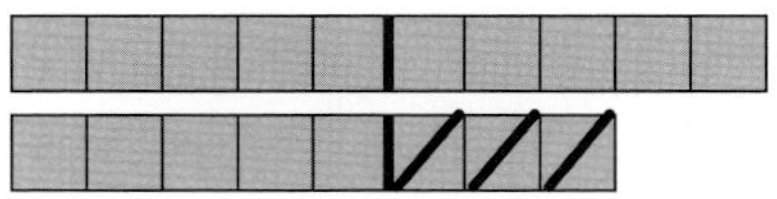

18 – 3 = ☐

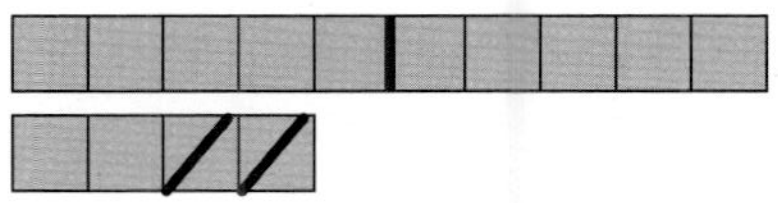

14 – 2 = ☐

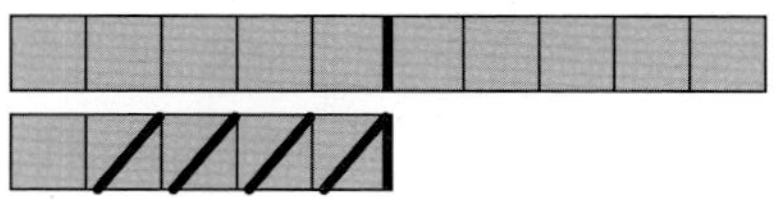

15 – 4 = ☐

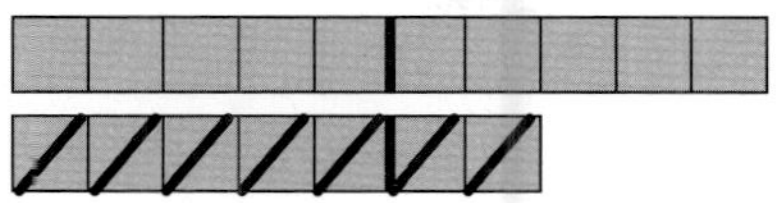

17 – 7 = ☐

Name: ____________ Datum: ____________

Minusrechnen im Zahlenraum bis 20 mit geführter 10er-Unterschreitung 6

Zuerst zur 10! Zeichne und rechne.

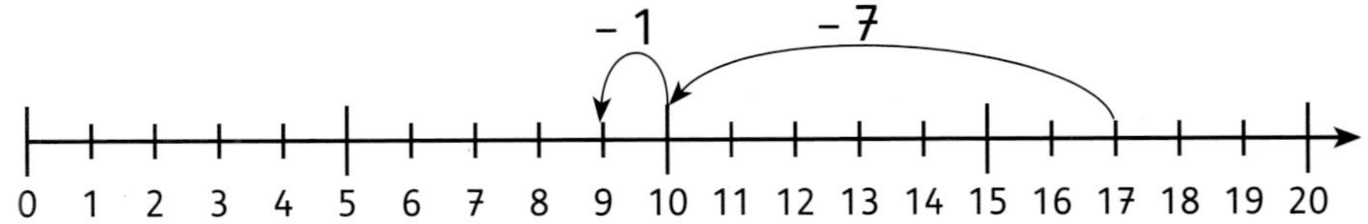

17 – 8 = ___

17 – 7 – 1 = ___

– ___ – 4

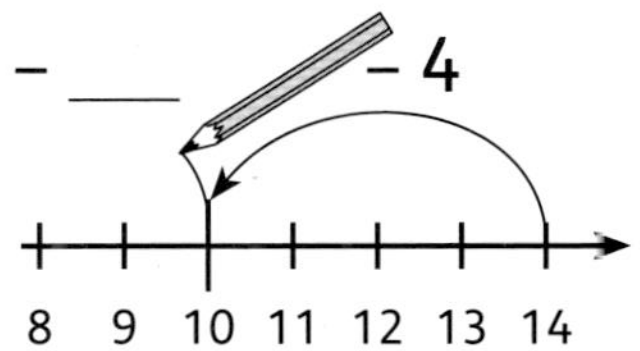

14 – 6 = ___

14 – 4 – ___ = ___

– ___ – ___

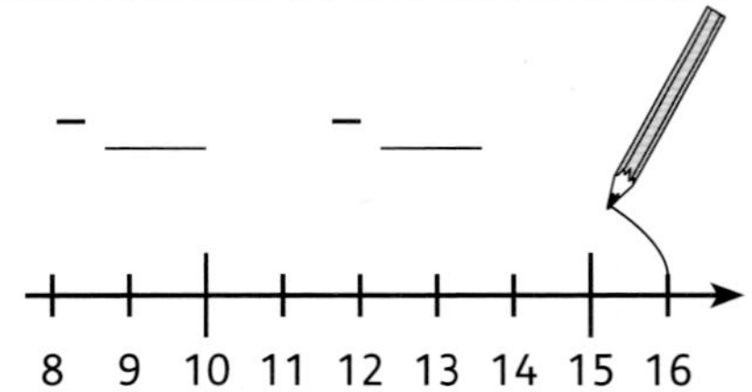

16 – 7 = ___

16 – ___ – ___ = ___

– ___ – ___

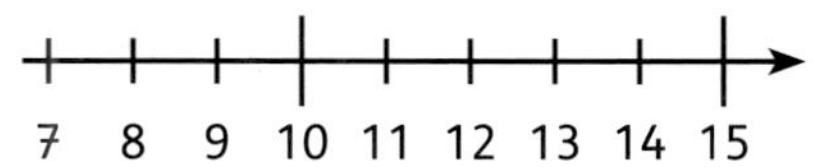

15 – 8 = ___

15 – ___ – ___ = ___

– ___ – ___

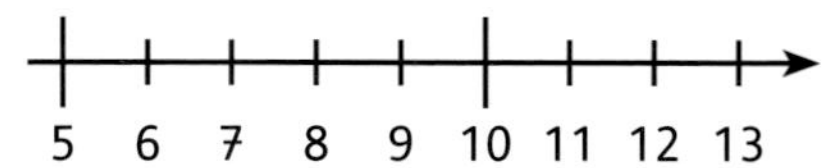

13 – 7 = ___

13 – ___ – ___ = ___

Name: ____________________ Datum: __________

Minusrechnen im Zahlenraum bis 20 mit geführter 10er-Unterschreitung **7**

Zuerst zur 10! Streiche durch.

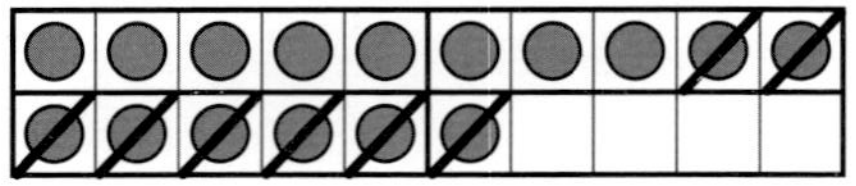

16 – 8 = ___

16 – 6 – ___ = ___

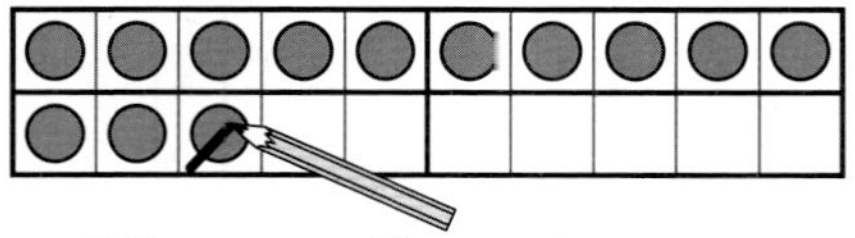

13 – 7 = ___

13 – ___ – ___ = ___

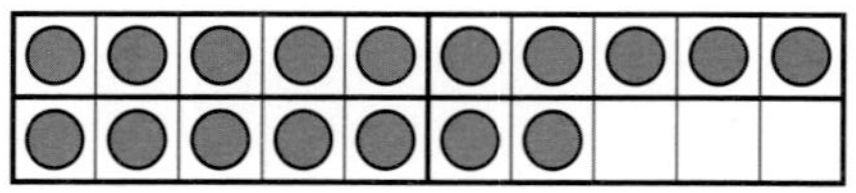

17 – 9 = ___

17 – ___ – ___ = ___

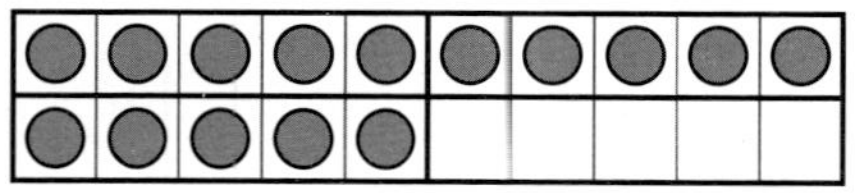

15 – 8 = ___

15 – ___ – ___ = ___

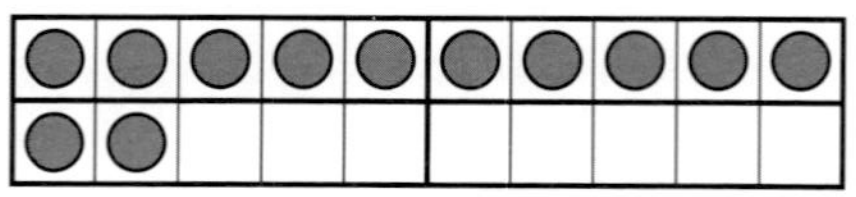

12 – 7 = ___

12 – ___ – ___ = ___

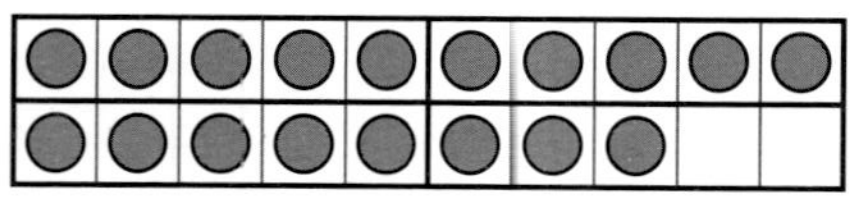

18 – 9 = ___

18 – ___ – ___ = ___

Name: ____________________ Datum: __________

Minusrechnen im Zahlenraum bis 20 mit geführter 10er-Unterschreitung **8**

Zuerst zur 10!

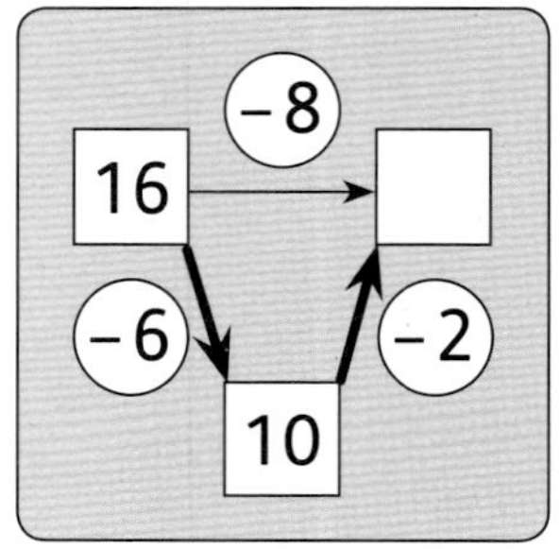

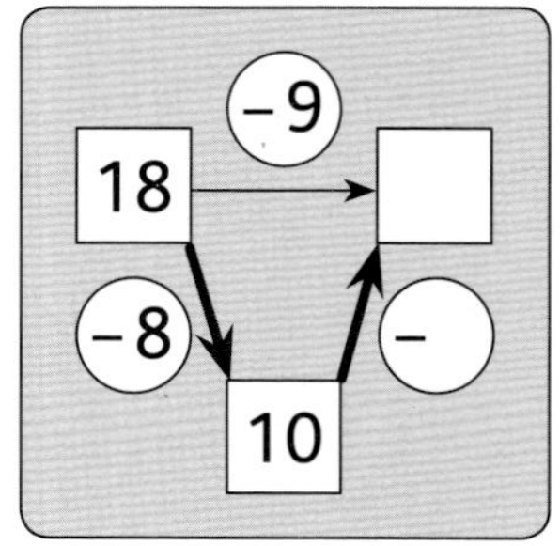

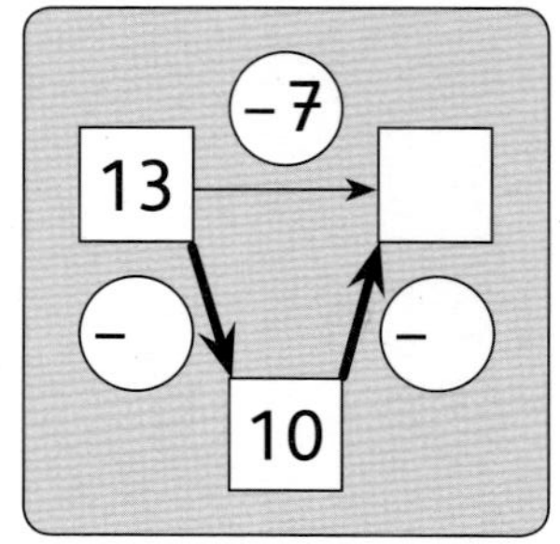

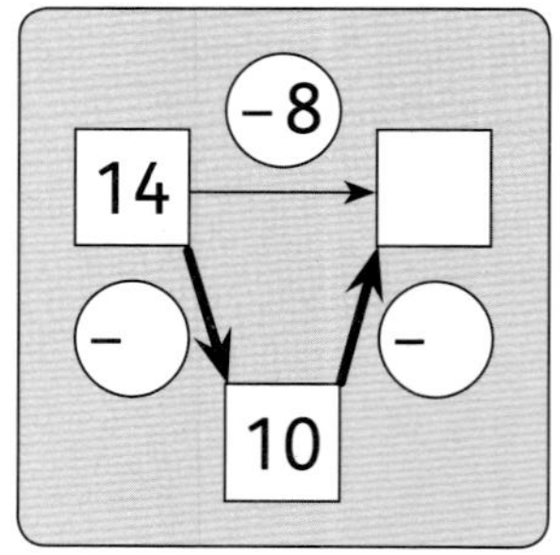

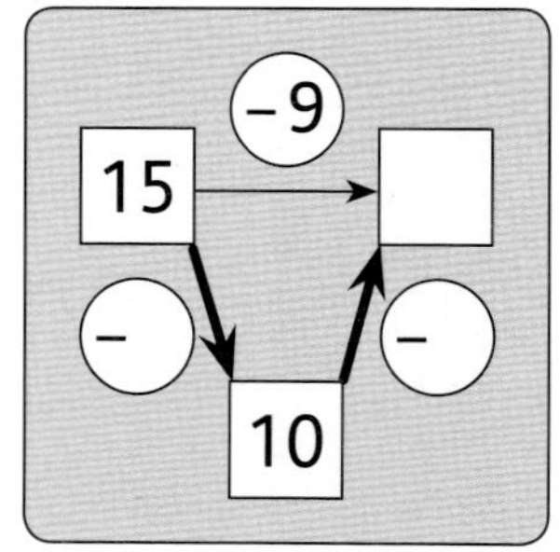

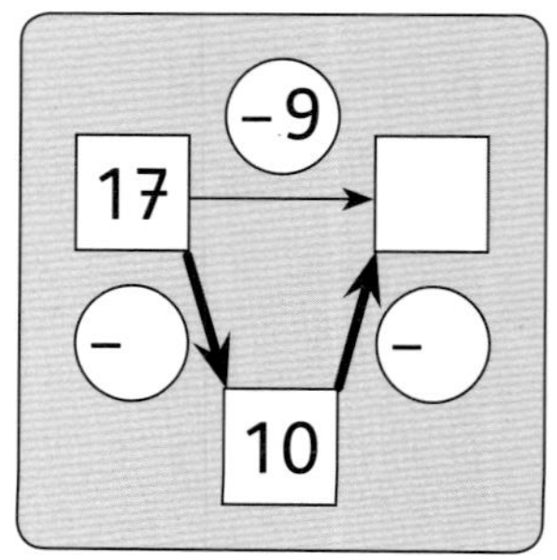

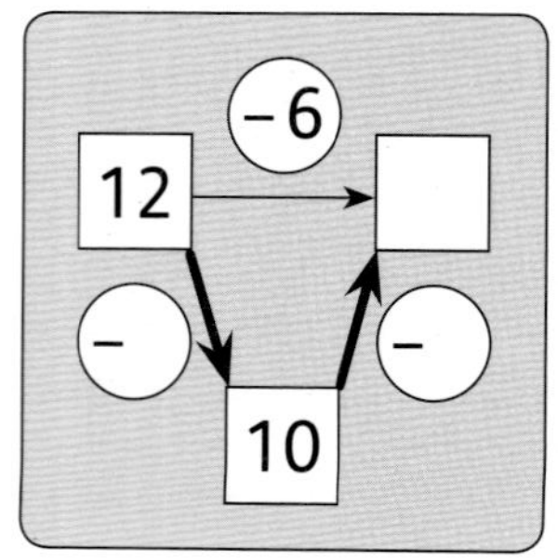

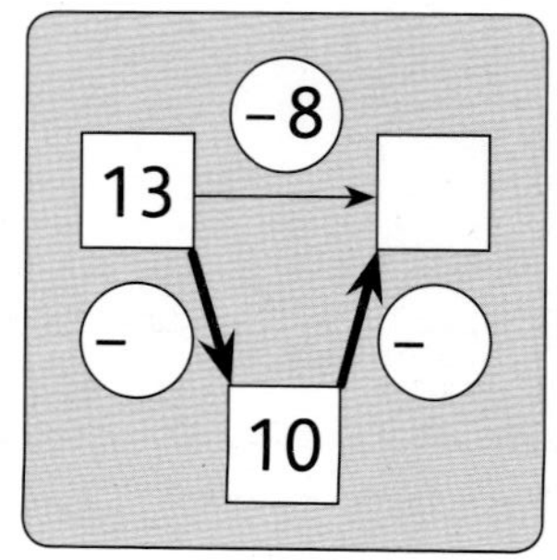

Name: ______________________ Datum: ______________

Minusrechnen im Zahlenraum bis 20 mit geführter 10er-Unterschreitung — 9

Zuerst zur 10!

18 – 9 = ☐
18 – 8 = 10
10 – 1 = ☐

16 – 9 = ☐
16 – 6 = 10
10 – ☐ = ☐

15 – 8 = ☐
15 – ☐ = 10
10 – ☐ = ☐

17 – 9 = ☐
17 – ☐ = 10
10 – ☐ = ☐

14 – 7 = ☐
14 – ☐ = 10
10 – ☐ = ☐

16 – 8 = ☐
16 – ☐ = 10
10 – ☐ = ☐

Name: ______________________ Datum: ______________

Minusrechnen im Zahlenraum bis 20 mit geführter 10er-Unterschreitung — 10

Zuerst zur 10!

17 – 8

17 –7→ 10 –1→ ____
17 –8→ ____

14 – 6

14 –4→ 10 –☐→ ____
14 –6→ ____

18 – 9

18 –☐→ 10 –☐→ ____
18 –9→ ____

13 – 7

13 –☐→ 10 –☐→ ____
13 –7→ ____

15 – 8

15 –☐→ 10 –☐→ ____
15 –8→ ____

16 – 9

16 –☐→ 10 –☐→ ____
16 –9→ ____

Name: ______________________ Datum: ____________

Minusrechnen im Zahlenraum bis 20 mit 10er-Unterschreitung 11

Größer (>), kleiner (<) oder gleich (=)?

15 – 8 ◯ 6	16 – 9 ◯ 7
18 – 9 ◯ 9	13 – 6 ◯ 8
14 – 8 ◯ 7	17 – 8 ◯ 6
11 – 7 ◯ 5	14 – 7 ◯ 7
17 – 9 ◯ 8	15 – 7 ◯ 8

Richtig ✔ oder falsch f?

16 – 7 = 8	✔	(f)
17 – 8 = 9	✔	f
13 – 6 = 7	✔	f
18 – 9 = 9	✔	f
12 – 7 = 6	✔	f

14 – 6 = 8	✔	f
19 – 8 = 9	✔	f
11 – 7 = 5	✔	f
16 – 8 = 8	✔	f
15 – 7 = 7	✔	f

Name: ______________________ Datum: ____________

Minusrechnen im Zahlenraum bis 20 mit 10er-Unterschreitung 12

Fülle die Lücken.

17 – 4 → ☐

☐ – 8 → 7

14 – 7 → ☐

☐ – 5 → 8

16 – 9 → ☐

☐ – 6 → 9

Verbinde.

11 – 7 = __ 13 – 5 = __ 16 – 7 = __ 18 – 5 = __

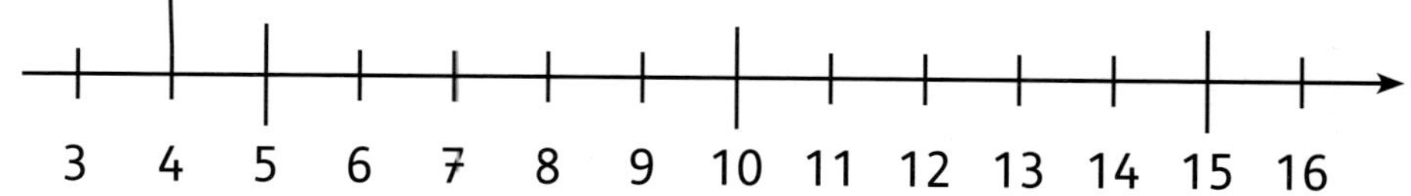

12 – 6 = __ 17 – 8 = __

15 – 8 = __ 16 – 4 = __

Sabrina Willwersch: Lernkartei: Minusrechnen im Zahlenraum bis 20

Name: ______________________ Datum: ____________

Minusrechnen im Zahlenraum bis 20 mit 10er-Unterschreitung 13

Fülle die Lücken.

12 –	☐	= 7
14 –	☐	= 8
18 –	☐	= 9
17 –	☐	= 8

16 –	☐	= 9
13 –	☐	= 6
17 –	☐	= 9
15 –	☐	= 7

Löse die Rechenketten.

15	–	2	–	6	=	
18	–	3	–	9	=	
16	–	8	–	4	=	
19	–	7	–	5	=	

Name: ______________________ Datum: ____________

Minusrechnen im Zahlenraum bis 20 mit 10er-Unterschreitung 14

Folge der richtigen Lösung und zeichne den Weg ein.

Name: ______________ Datum: ______________

Minusrechnen im Zahlenraum bis 20 mit 10er-Unterschreitung — 15

Löse die Textaufgaben.

17 Fliegen sind in der Luft.
Das Chamäleon Karli frisst 9.

Frage: Wie viele Fliegen sind noch in der Luft?

Rechnung: ______________

Antwort: ______________

____

In der Schatzkiste waren 18 Goldmünzen.
Pirat Paule klaut 9 Münzen.

Frage: Wie viele Goldmünzen sind noch übrig?

Rechnung: ______________

Antwort: ______________

____

Name: ______________ Datum: ______________

Minusrechnen mit Geld im Zahlenraum bis 20 — 1

Wie viel €?

14 € – 3 € = ___ €

17 € – 4 € = ___ €

16 € – 2 € = ___ €

13 € – 3 € = ___ €

Name: ______________________ Datum: ____________

Minusrechnen mit Geld im Zahlenraum bis 20 — 2

Wie viel €?

15 € – 2 € = ___ €

18 € – 5 € = ___ €

12 € – 1 € = ___ €

19 € – 4 € = ___ €

Name: ______________________ Datum: ____________

Minusrechnen mit Geld im Zahlenraum bis 20 — 3

Wie viel ct?

15 ct – 3 ct = ___ ct

18 ct – 4 ct = ___ ct

13 ct – 2 ct = ___ ct

16 ct – 3 ct = ___ ct

Name: ______________ Datum: ______________

Minusrechnen mit Geld im Zahlenraum bis 20 — 4

Wie viel €? Streiche durch.

19 €	-	2 €	=	€

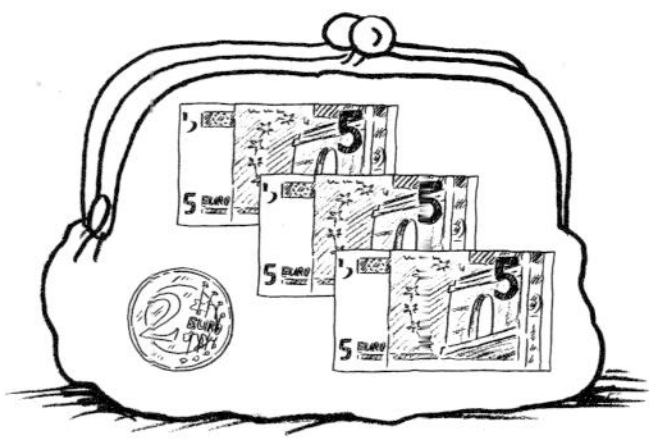

17 €	-	5 €	=	€

16 €	-	4 €	=	€

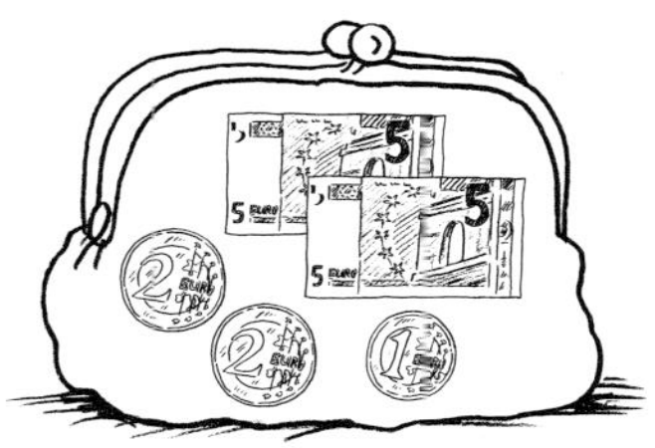

15 €	-	3 €	=	€

18 €	-	6 €	=	€

17 €	-	3 €	=	€

Name: ______________ Datum: ______________

Minusrechnen mit Geld im Zahlenraum bis 20 — 5

Wie viel ct? Streiche durch.

18 ct	-	8 ct	=	ct

14 ct	-	2 ct	=	ct

17 ct	-	4 ct	=	ct

15 ct	-	3 ct	=	ct

16 ct	-	3 ct	=	ct

19 ct	-	2 ct	=	ct

Name: ______________________ Datum: ____________

Minusrechnen mit Geld im Zahlenraum bis 20 — 6

Wie viel € bekommst du zurück?

Du kaufst:	Du bezahlst:	Du bekommst zurück:
 8 €		20 € – 8 € = ____ €
 4 €		20 € – ____ € = ____ €
 6 €		____ € – ____ € = ____ €
 7 €		____ € – ____ € = ____ €
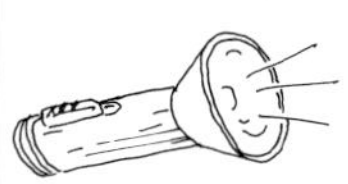 5 €		____ € – ____ € = ____ €

Name: ______________________ Datum: ____________

Minusrechnen mit Geld im Zahlenraum bis 20 — 7

Male das Restgeld.

	 6 €	 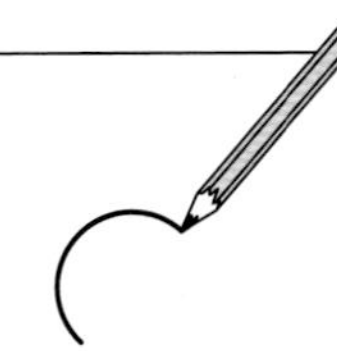
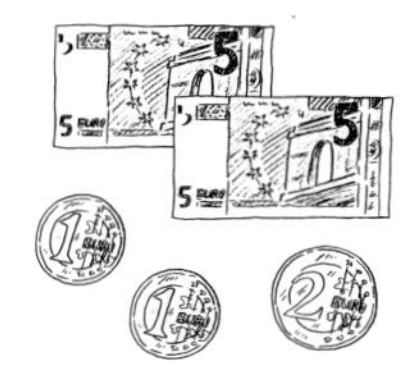	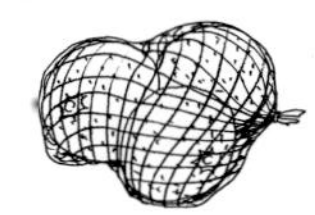 3 €	
	 4 €	
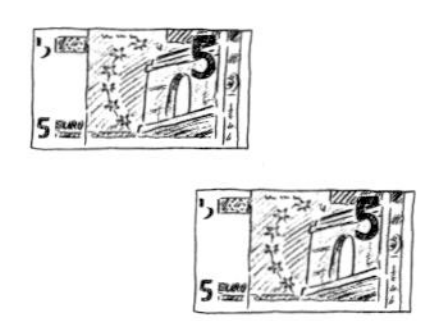	 2 €	
	 3 €	

Name: ______________________ Datum: __________

Minusrechnen mit Geld im Zahlenraum bis 20 — 8

Wie viel € kannst du sparen?

~~12 €~~	~~14 €~~	~~18 €~~	~~12 €~~	~~16 €~~
8 €	6 €	13 €	9 €	7 €

Artikel:	Alter Preis:	Angebots-preis:	gespart:
	16 €	7 €	16 € – 7 € = ___ €
	___ €	___ €	___ € – ___ € = ___ €
	___ €	___ €	___ € – ___ € = ___ €
	___ €	___ €	___ € – ___ € = ___ €
	___ €	___ €	___ € – ___ € = ___ €

Name: ______________________ Datum: __________

Minusrechnen mit Geld im Zahlenraum bis 20 — 9

Was hast du gekauft? Male.

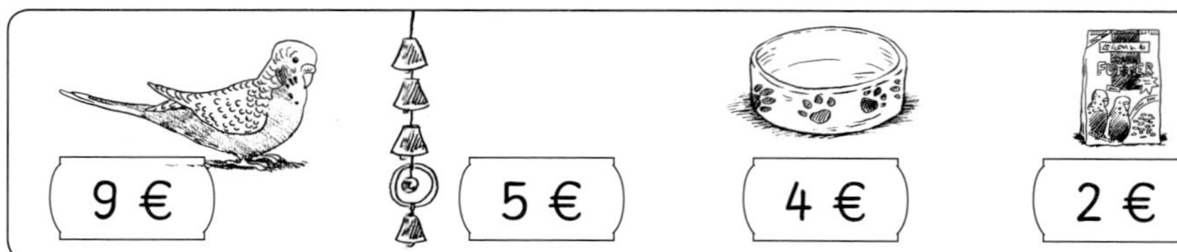

9 € | 5 € | 4 € | 2 €

Anfangsgeld	gekauft:	Restgeld

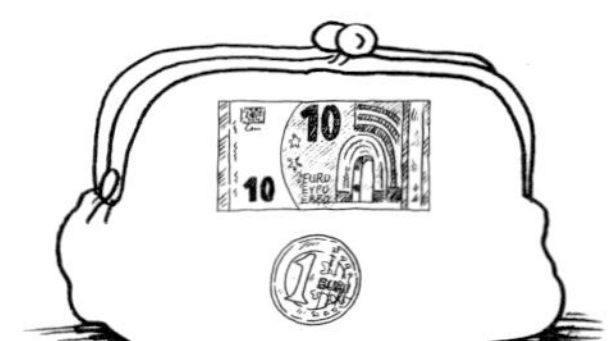		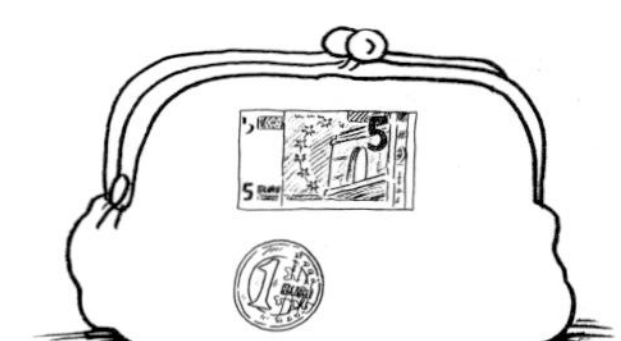
		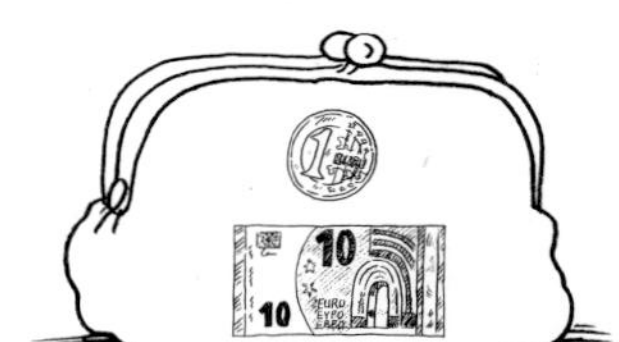
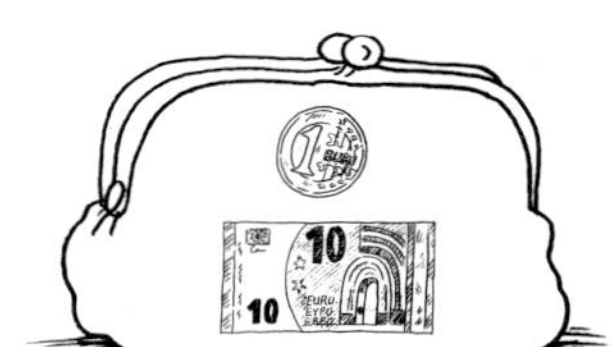		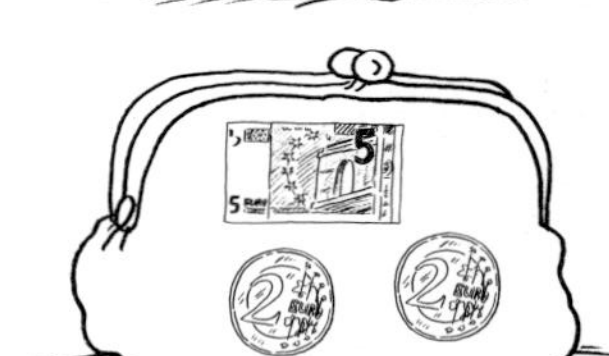

Name: ____________________ Datum: __________

Minusrechnen mit Geld im Zahlenraum bis 20 — 10

Wie viel Geld bekommst du zurück?

	 8 ct	 9 ct	 5 ct
	20 ct – 8 ct = ___ ct	20 ct – 9 ct = ___ ct	20 ct – 5 ct = ___ ct
	15 ct – 8 ct = ___ ct	___ ct – ___ ct = ___ ct	___ ct – ___ ct = ___ ct
	___ ct – ___ ct = ___ ct	___ ct – ___ ct = ___ ct	___ ct – ___ ct = ___ ct

	 4 €	 7 €	 16 €
	17 € – 4 € = ___ €	17 € – 7 € = ___ €	17 € – 16 € = ___ €
	20 € – 4 € = ___ €	___ € – ___ € = ___ €	___ € – ___ € = ___ €
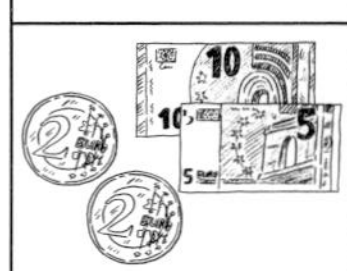	___ € – ___ € = ___ €	___ € – ___ € = ___ €	___ € – ___ € = ___ €

Name: ____________________ Datum: __________

Minusrechnen mit Geld im Zahlenraum bis 20 — 11

Male das Restgeld.

7 €	13 €	5 €	2 €

Bezahlt mit:	Kauft ein:	Restgeld:
	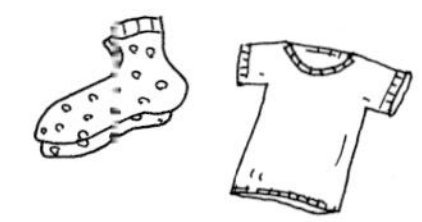	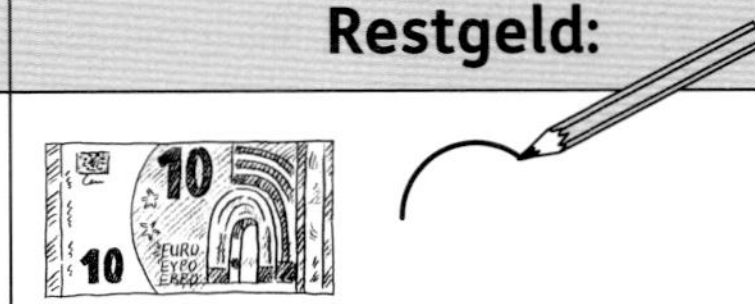

Name: ______________ Datum: ______________

Minusrechnen mit Geld im Zahlenraum bis 20 — 12

Wie viel € bekommst du zurück?

Du kaufst:		Du bezahlst mit:	Du bekommst zurück:
	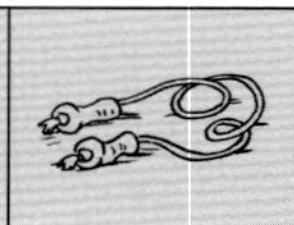	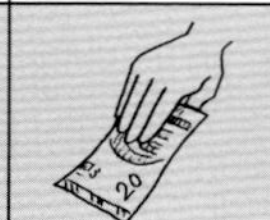	20 € – ___ € – ___ € = ___ €
		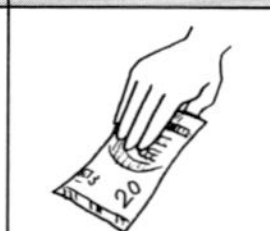	20 € – ___ € – ___ € = ___ €
	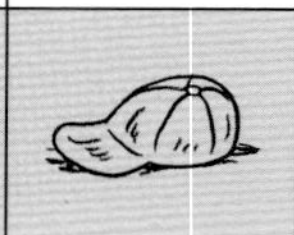	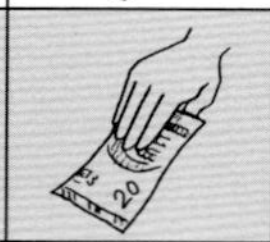	___ € – ___ € – ___ € = ___ €
			___ € – ___ € – ___ € = ___ €
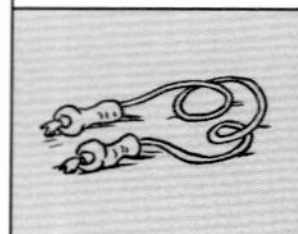			___ € – ___ € – ___ € = ___ €
		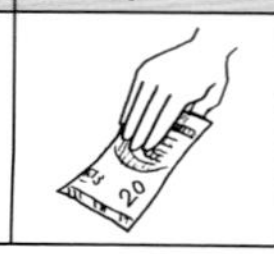	___ € – ___ € – ___ € = ___ €

Name: ______________ Datum: ______________

Minusrechnen mit Geld im Zahlenraum bis 20 — 13

Löse die Textaufgaben.

Sibylle hat 17 €.
Sie kauft sich einen  für 9 €.

Frage: Wie viel € hat Sibylle noch?

Rechnung: ______________

Antwort: ______________

____

Jan hat 20 €.
Er leiht seinem Freund 14 Euro.

Frage: Wie viel € hat Jan noch?

Rechnung: ______________

Antwort: ______________

____

Laufzettel Minuskartei

Name: ______________________ Klasse: ______________

Zahlenraum bis 5	1	2	3	4	5	6	7	8	9	10	11	12	13	14	15
Zahlenraum bis 10	1	2	3	4	5	6	7	8	9	10	11	12	13	14	15
Geld im Zahlenraum bis 10	1	2	3			4	5	6	7	8	9	10	11	12	13
Zahlenraum bis 15	1	2	3	4	5	6	7	8	9	10	11	12	13	14	15
Zahlenraum bis 20	1	2	3	4	5	6	7	8	9	10	11	12	13	14	15
Geld im Zahlenraum bis 20	1	2	3			4	5	6	7	8	9	10	11	12	13